⊙ 唐芸 \ 著

期待重新背上行囊，和世界再相见的一刻。

中国 · 广州

图书在版编目（CIP）数据

与世界的邂逅 / 唐芸著. — 广州 : 广东旅游出版社, 2021.5
ISBN 978-7-5570-2400-0

Ⅰ. ①与… Ⅱ. ①唐… Ⅲ. ①游记－作品集－中国－当代
Ⅳ. ① I267.4

中国版本图书馆CIP数据核字（2020）第253590号

出 版 人：刘志松
责任编辑：何 阳 彭素芬
装帧设计：邓传志
责任校对：李瑞苑
责任技编：冼志良

与世界的邂逅
YU SHIJIE DE XIEHOU

广东旅游出版社出版发行
（广东省广州市荔湾区沙面北街71号首、二层）
邮编：510130
电话：020-87348243
印刷：广州市岭美文化科技有限公司
（广州市荔湾区花地大道南海南工商贸易区A幢）
开本：787mm×960mm 1/16
字数：252千字
印张：13.5
版次：2021年5月第1版
印次：2021年5月第1次印刷
定价：58.00元

【版权所有，侵权必究】
本书如有错页倒装等质量问题，请直接与印刷厂联系换书。

目录

前言

旅行对于我，有什么意义？我用30年的行走，等待答案的出现。

年少时，旅行已是生命中最令我欣喜的经验。18岁第一次独自坐上火车，去瞻仰广西花山壁画，旅途中与几个大学生相遇，同游。至今仍记得我们青春做伴的飞扬，那应该是我最早关于独旅的愉快记忆。

之后，我就没有停止过旅行的脚步。刚工作时，和大多数同龄人一样，口袋没什么余钱，也不可能靠父母，出国更是不敢想象。但是一有机会，我就会出发。幸运的是，中国的山川，辽阔悠远，完全可以满足一个年轻人对外面世界的渴望。所以，30岁前，我几乎把中国跑了个遍。

初踏上旅途，更多地陶醉于自然的风光：高原，大海，雪山，极光……大自然总能让我身心全然地放松与愉悦。随着年龄的增长，涉足的世界越来越广，渐渐发现，人，才是最有魅力的风景。

2004年，被藏区自然和人文双重魅力深深吸引的我，离开外企，离开大城市，在云南香格里拉开了一家“德拉姆”客栈。很难用文字形容，那些年，藏区世外桃源般的美丽山水和自由生长的藏族人民，给了我怎样的滋养和启示……而客栈来来往往的世界旅人，让我第一次在封闭的小环境里，和外面的“世界”邂逅了。

云南之前，是我的“前世”，也许有一天，我会再写一本“回忆录”，献给我的年少轻狂。云南之后，我才真正开始游历中国以外的世界，那时，我已经36岁了。这本书里，都是我“今生”的故事。

《独行柬埔寨与越南》是一场历时较长的自由之旅，一路上遇到的人和事，疗愈了离开云南的黯然之伤，也坚定了我开启新生活的决心。《澳大利亚的犹太朋友》《跃出纸面的耶路撒冷》及约旦佩特拉几篇，是我认识犹太朋友 Sam 后，对犹太文化及宗教的好奇和探索。去以色列前，我已经游历过北美，欧洲各国，澳新与非洲，但从没带着学习的目的去造访某个国家。这一篇，算是一个代表。《南美精灵库斯科》也是类似的尝试。秘鲁等三国行是南美洲的开启之旅，从虚荣的角度讲，我完成了除了南极洲以外六大洲的打卡。相信有一天，我还会再次踏上南美的土地，因为她的魅力不止于此。最后一篇长文《十年欧游杂记——我和船长的旅程》，记录了十年间我和欧罗巴的一次次相聚，因为欧洲，是无法凭一两次观光能窥见其全貌的。其间，穿插了我和船长的感情发展。所以，这本书应该算生命某个阶段的纪念吧！在世界旅行的这十多年里，在异域文化的浸淫和朋友们的思想碰撞中，我已拥有的人生观、世界观、爱情观，经历了新的锤炼和蜕变。

这些文章，陆陆续续写了 10 年，酝酿这本书，也差不多 5 年了。把游历的故事变成纸上的文字，源于少年时代的文学梦吧。旅行时，只是习惯性地记下流水账，整理再创作时，才深刻感受到写作的快乐与痛苦。写作是件很疗愈的事，当沉浸其中，外部的一切纷扰，都消失了；查阅书籍印证旅途见闻时，体会到阅读与行走的相互升华，心生欢喜。但痛苦在于，我不得不承认，一个人最有灵气的文字，只在18岁的青春里闪现，再也找不回来了。我尽力了，只能端上这道“菜”，希望品尝的您谅解。

这本书完稿的最后阶段，遇上了百年不遇的疫情。作为一个世界旅行者，灾难，让我有一丝忧虑：疫情过后的世界，会变成怎样？有可能撕裂吗？人与人之间，还保有从前的信任与善意吗？人类本来已足够孤独，还会变得更愚蠢吗……

记得刚开始接触外面的世界时，喜欢不断寻找和发现“不同”，随着旅行的足迹越走越广，渐渐发现这个世界上，更多的是“相同”：人性的，传统的……在这个孤独的星球上，是不同和相同，构成了整个世界的多元与精彩。希望它的魅力，永不消逝。

对个人而言，我可以骄傲而幸福地说：这个世界，她的美丽，我邂逅过。

一

独行柬埔寨与越南

2007 年 1 月，结束了云南香格里拉德拉姆客栈两年的经营，结束了和飞飞 10 年的婚姻，我回到广州。4 月，手头的项目告一段落，茫然四顾，只有一场独旅，可以帮助我告别过去，走向未知。最终，选择了 *Lonely Planet*（简称 LP，孤独星球出版社的旅行指南）推荐的背包客经典路线：柬老越三国行。

这不是我第一次独旅，却是第一次完全没有具体计划，随性而行的旅程。很快地，我发现，每一处的停留时间都比想象中长，而且，不断有意外加入的新行程，最后，不得不放弃了老挝。5 月底，我从越南的首都河内，坐大巴回到中国的广西，我的家乡，结束了 35 天的旅行。

这段旅行于我之所以有特殊意义，是因为交到了一辈子难忘的朋友：Magne，黄军，Shamoo，Enique，三位瑞士帅哥。和这些旅友的交流，或多或少拓宽了我对世界的认知；这场旅行，改变了我看世界的方式，甚至，改变了我的人生。

挪威“金猪”Magne

金边结缘

2007年5月1日，天气已如盛夏，我和一船疲惫的游客从洞里萨湖的码头上了岸，巴士载着我们又走了近2小时，才到达柬埔寨的首都——金边。下了车，找了一辆突突（三轮摩托），把手抄的地址给车夫，他用当地话“喔”了一声，似乎知道，看来法国小伙给的客栈小有名气。突突在大太阳底下的车流中，七拐八拐，停在一条巷子里的一个门口，示意我，到了！

此前，我在暹粒待了整整10天。同游了7天的香港女孩黄军离开后，我一个人闲逛在吴哥窟的天地间，直到觉得暹粒再无可留恋，才决定走水路到金边，为了参观洞里萨湖的水上人家。买船票时遇上一个法国小伙子，说刚从金边来，我问他住哪？他随手撕下一张小纸条，把客栈名字写给我，说，Nrin2真的不错，方便，老板很热心。

这家类似青年旅馆的客栈，住着许多国际友人。安顿好了，我来到大堂，也许是门外的烈日太耀眼，大堂吧显得昏暗而凉爽，木质的长桌椅，擦得铿亮而古朴。我坐下点了杯饮料，补这几天的日记。

屋角有个身形高大的西方人，独坐良久，终于，他起身，朝我走来。刚要跟我说话，旁边一个外国女孩拦住了他，叽里咕噜问了他不少问题，关于去哪玩的，我只隐约听懂一些，他似乎耐着性子，终于回答完，走到我面前坐下：“你一个人旅行吗？”“是的。”我抬头答道，我们就这样认识了，他叫Magne。

来自挪威的Magne，名字不好念，既不是莫奈，也不是马奈，倒像：蒙内。教了几次，他表扬我，发音不错。他从泰国来，因为不是第一次到金边，所以没什么必须游览的地方。待几天，就前往另一个城市。他问我：“明天想去哪？”我说：“休整一天吧，你有什么特别的推荐吗？”他说了几个地方，我决定后天去他建议的“万人冢”和监狱博物馆。“明天一起去河边吃饭吧？”他热情邀请。“嗯，”我犹豫了一下，“明天再说吧！”“好的。”

第二天，休整，酒吧里又遇上他和那个女孩——Jenifer，加拿大人，一起喝啤酒聊天，Magne 说了他的计划，接下来要去西哈努克城，问我有兴趣吗？我没说什么。最后，也没去河边吃饭，他一个人去了。

“万人塚”Killing Field 和 21 号监狱博物馆，是 Lonely Planet（以下简称 LP）推荐的金边必去“景点”。说是景点，实在有些残酷，准确说这是两个纪念馆，纪念在“红色高棉”时期被屠杀的无辜百姓。21 号监狱原是一座学校，当时在此关押了 17000 名“阶级敌人”，大批的人被送到 Killing Field 行刑。红色高棉被推翻时，这里只剩下 7 名幸存者，据说被杀害的有很多妇女儿童，真是令人触目惊心。Killing Field 展出了一系列的照片，尸骨实物并伴有录影解说，以当时我的英文水平，读完那些说明有些吃力，但也大致了解了。

□ 21 号监狱博物馆

走出场馆，门口矗立着两个玻璃高塔，玻璃里是森森的死人头骨，冲击着游人的视线和心脏……离开时，我心情复杂而沉重，打算回国后好好读读这段历史。

□ “万人塚”Killing Field

回到旅馆，Magne 果然在大堂吧喝着啤酒，休息了一会儿，他再次邀请我去河边的酒吧街吃晚饭，我答应了。坐上一辆突突车，黄昏的晚风吹拂，心情从压抑中解放，轻松多了。突突开到河边，Magne 指着落日的方向，说，这就是湄公河。啊？！我又惊喜又惭愧，功课做少了，我竟然没反应出这就是著名的湄公河。这条从中国奔腾而来的河流，笼罩在夕阳的余晖里……想起从前在澜沧江边旅行时，我曾扔了一块小石头到江里，玩笑说：它会一直流到越南，流到杜拉斯《情人》的湄公河吧……事实上，这条河不仅孕育了中国青海、西藏和云南的人民，也是缅甸、老挝、柬埔寨等国的母亲河……现在，我就在湄公河边。

天气炎热，Magne 总是 T 恤短裤，趿着人字拖，典型的东南亚打扮。Magne 脸很小，五官紧凑，跟印象中二战片里的德国军人有点像。他身形高而胖，手臂和小腿上全是刺青，我第一次知道了文身的英文叫 Tatoo。奇怪，从前看到这样的人，一定敬而远之，但我对他却没有任何害怕。因为 Magne 特别温和有礼。因为太胖了，他行动缓慢，像只大熊猫，我常常担心走快了他跟不上……他指着河边一溜的小餐馆，突然有些神秘地问我：

“你知道为什么好多餐馆招牌上写着 Happy Pizza 吗？” 我抬头搜寻那些招牌，果然。

“为什么？”

“这些 Pizza 里都有叶子，吃完了很嗨，所以叫快乐 Pizza！”

“啊！”我吃了一惊。因为在中国大麻是不合法的，虽然知道有些国家合法，但直接放在 Pizza 里卖，还第一次听说。我好奇地问：

“你吃过吗？”

“当然！”

“什么感觉？”

“非常 Happy！”他笑道，接着说，“如果你想加量，可以说 ‘Make me more happy’（让我更快乐）。”

我吐了吐舌头，这个全身刺青，又抽叶子的家伙，不会是个坏人吧？！

最后我们选择了两人都喜欢的泰国菜，冬阴功汤加米饭。饭后，我们沿着河边散步，街角有一家 Bar，用鼓风机吹出很多水雾，感觉很凉爽，于是我们决定喝一杯。点单时，发现我们都喜欢鸡尾酒，于是各点了一杯。

这时，有三个老外街头艺人，拿着大提琴和风笛，准备演奏，很多当地的小孩子围过来观看，三人便在我们桌子周围穿梭，卖力表演，一曲奏毕，Magne 给了 2 美元小费。一群卖书的小孩子走过来，其中一个小女孩英文流利，笑容满面，问，“要买书吗？”Magne 答道：“这些书我已经有了。”她说：“你不可能全有吧？”Magne 说：“在我挪威家里。” 小孩就说：“那在这儿再买一本吧！”被逼得实在无法，他翻着书，看到向我推荐过的 *Zero Year*（《元年》），问我买吗？我说可以，他讨价还价到 2 美元，我付了钱，女孩开心地走了。谁料一会儿，其他小孩都围过来，问：“为什么买了她的，不买我的？”样子还挺凶。我当他们是玩笑，礼貌地说了 No thanks，就不再理会，他们只好悻悻地散了。Magne 问，你听到那小孩走时说了什么吗？我说，没有。“他骂了句粗口。” 我有点吃惊而且生气，他说，“这里的小孩子卖东西风气很不好，很可恶。”

街角酒吧的鸡尾酒颇让人失望，不仅用最普通的玻璃杯，好好的 Mojito 被他们做得像蔬菜汁，Magne 那杯则太甜。我们自嘲着喝完。天色尚早，于是转战另一家酒吧，这家有空调，我们又各点了一支啤酒，终于彻底凉快下来。短短两三天，对金边有了个大致印象，并不太愉悦，尤其刚才被小孩子的无理弄得有点丧气。

所以当 Magne 再次提议一起去西哈努克城时，我心动了。这时我已了解到，Magne 平时主要在泰国生活，这次来柬埔寨，是因为他有一个瑞士朋友在西哈努克城开了间客栈，最近有事回家，让他过来帮忙看店，待一段时间。

“去吧，我朋友除了客栈，还有一栋别墅，有足够的房间，你就不用住酒店或客栈了！”嗯，听起来很诱人，可是，这个城市没在我的旅行计划里啊……转念又想，西哈努克哦，中国人对柬埔寨最熟悉的名字，我们从小就在电视里常听到“西哈努克亲王”，以他命名的城市，应该有点意思吧？而且免费住宿……管他的，我不是在慢慢旅行，没有计划，随遇而安吗？

纠结了一晚上，我决定和 Magne 去西哈努克。

□ 五月的柬埔寨

西哈努克的闲散时光

4 日早，出发的时候，我心里仍有些忐忑，虽然不是第一次在旅程中和陌生人同游，但这是第一次单独跟陌生男子同行，去一个陌生的地方……等汽车的时候，我们在车站里的小珠宝店闲逛，Magne 边看边告诉我，在泰国，他正在学习如何鉴别宝石，“你们中国人喜欢玉，其实玉很普通。”他笑道。然后选购了一块石头，付了大概 100 美元。“这块不错，我在泰国的好朋友就快过生日了，我要把这个送给她！”他很高兴居然在这样的小店买到满意的生日礼物。

因为穷游，按 LP 的建议，我每天的预算是 20 ～ 30 美元，安全起见，我钱包里通常只有一张卡和 100 ～ 200 美元的现金。看着他买单，我突然吁了口气，觉得自己的担心很可笑。我对自己说：我在怕什么？怕人劫财吗？人一块石头就花了你一半的“财产”。劫色吗？如果我不愿意，相信没人敢把我怎样吧？其实，和 Magnc 相处的这些天，我已经感受到他是个谦谦君子，可信赖的人。自己 30 多年的人生经验，这点直觉总是可信的吧？做好了最后的心理建设，我整个人释然了。后来的旅行，也证实了在与陌生人同行这件事上，我多虑了！

从金边开往希城的车有空调，道路也算平坦，但是我们坐在倒数第二排，座位不能放下，我们得直着身体，有点不舒服，Magne 指着自己宽厚的肩膀说，“来，你可以靠在这儿！”又指指自己胖胖的肚子说，“或者这儿。”我笑了。汽车上的电视放着无聊的类似“小品”的节目，当地人看得直乐，对我们的耳朵却是折磨。于是，我打开了 MP3，放着莫文蔚的歌，我把一边耳机给了 Magne，另一边的耳朵，我们笑着撕了些纸巾，把它堵上。

聊到各自的生活，他很直接，问我：“你多大了？”

我犹豫片刻，不是说老外不轻易问人年龄的吗？而且，这个年龄出来独旅，会不会太奇怪了？

“嗯……我 36 了。”

“啊，我也是。”

“按中国属相我属猪，本命年，中国人把今年叫金猪年。”

“那我就是金猪，哈哈！” 他乐道，觉得很有趣。

“你结婚了吗？” 突然他又问道。

“我？” 皱了皱眉，还是回答，“我刚离婚了。” 也不知道为什么对一个陌生人那么坦白。

“哦！” 他解释道，“因为我没看到你戴戒指什么的。”

“你不工作的吗？” 我反问。

“哦，不，我现在领着挪威政府的失业救济。再过半年，我满 36 岁了，就可以拿到政府的一种特别津贴。平时，我帮人修修电脑，在网上卖点东西，这些钱足够我在泰国生活了，我不喜欢挪威，不想过那种生活！”

“……不工作？那么年轻，就这么过一辈子？！” 我心里疑惑着，但没说出口。

Magne 的生活方式似乎不是第一次听说，桂林阳朔西街，一直有些退休的外国老头长期生活着，但这么年轻就打算如此生活，还是第一次遇到。他，就是传说中的嬉皮士了吧？没想到，到达西哈努克后，他让我吃惊的地方更多。

11 点半的车，到西哈努克已经下午 5 点，瑞士朋友的家居然是一栋北欧风格的尖顶别墅，就坐落在海边。上下两层，大气漂亮。一个美国男孩租着地下室，Magne 住第一层，二楼是主人房加客厅。穿过客厅，阳台外是一望无际的大海！这时候海上一大片阴云，风雨欲来，顿时感觉像身在电影里。周围也是些独栋的别墅，就建在乡村的泥土地上。不一

□ 别墅外的风景

会儿，大雨倾盆，Magne 忙着楼上楼下关窗户，跟房东通话。忙完了，我们俩就坐在阳台的沙发上，各自点燃一根烟，直到天色暗下去。

到了不得不去晚餐的时间，我环顾二楼，客厅的沙发大得可以当床用，我问，我可以住这儿吗？Magne 说朋友不在，没关系，你就住这吧。于是我打消了再找客栈的念头。

晚餐，我彻底不费脑子，跟着 Magne 这半个地主混。原来，这一片区叫 Victory Beach。我跟着他到了一法国老头开的餐馆，他先给自己点了餐，给我点了份“海鲜鱼生加意面”，他教我，先给鱼生浇上鲜美的柠檬汁，撒上盐，哇，感觉是我尝过的最鲜美的一道菜，然后把面加入海鲜汁，淋些酱油和我们都喜欢的 Tabasco 辣酱……看得出，Magne 对我的晚餐极为垂涎。他这点和我很像，每次吃饭，都觉得别人点的菜更好吃。他笑道：“我就是那么没创意。”

饱餐一顿后，法国老头居然送上“叶子”作为甜品，看来，这里确实是嬉皮士的乐园啊。我们不客气地享用了，Magne 很快进入状态，窝在沙发里，笑容满面……而我照例没什么反应，把沙发上的一本杂志看得入迷，Magne 玩笑道：“你的反应就是英文突然变好了？”我哈哈大笑。

这时候，我们已经像认识了多年的老朋友，非常熟悉而自然了。

接下来的两天，我就这样放任自己，跟着 Magne 到处瞎逛，拜访老朋友，吃吃喝喝，随性而为。就像那些游客到了香格里拉或大理，认识了本地朋友，每天跟着他们，享受最私家的风景，晚上泡“鸟吧”或“牛棚”，哪里还会去什么蝴蝶泉或大理三塔呢？有一天下午，我们去海边一朋友家玩，说是家，其实就是沙滩上一个小小的摊位，我们躺在随处散放的竹椅上，喝着果汁和苏打水，居然看到了草棚边一条蛇和蛤蚧大战，观战半天，任时光凝固，海风吹拂，度过一个悠长的下午。

我们偶尔也回 Blue flog，瑞士朋友的客栈，现在由两个当地女孩和一个叫 Jogo 的小伙子——客栈经理看店。他们和 Magne 很熟，可见他不是第一次来了，客栈里没什么需要 Magne 做的。女孩给我们做午餐，我最爱的冬阴功汤，放了好几只大虾，配一碗白米饭。不得不说，后来无数次品尝冬阴功汤这道菜，都不及我在这家客栈吃到的美味。饭后，Magne 说：“给你做一杯 Special Tea 吧！”“怎么 Special 法？”我很好奇。端上来闻一闻，很熟悉的气味，喝一口，却说不上来名字。不一会，倦意袭来，就在海风吹拂的阳台上，窝在大藤椅里，我沉沉地睡去。一觉醒来，放松极了。多年以后，当我喝到薰衣草茶时，突然找回了这段记忆，原来，是薰衣草的安神作用，让我美美地睡了个午觉。

阳台上，Magne 和 Jogo 在聊天，他们提起最近的大雨，Magne 问：“海边的那群人怎样了？”Jogo 说：“在新的地区，住在帐篷里吧！”“他们什么人？”我问。

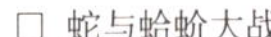
□ 蛇与蛤蚧大战

□ 冬阴功午餐

原来，我们附近海边有一处定居点，住着一批贫民，他们没有地契，但住的时间长了，理所当然成了当地的居民。可最近，当地政府突然要征那块地，就把他们赶走了，并且没有任何补偿。他们只能搬到更偏远的地方，住在临时搭建的帐篷里，连日大雨，估计他们的日子不好过。

Magne 和 Jogo 商量：“我们去看看他们有什么需要帮助的吧？”Jogo 爽快地说：“好呀！”“买些什么东西比较有用呢？雨布，还是大米？”Magne 问。“大米吧！”Jogo 想了想。这个自己还靠政府救济的 Magne，却要去救济别人？我有点疑惑。但是 Magne 谈论那些人的时候，表情十分认真，愤慨以及悲悯，让我无法和那个游荡了十年的“嬉皮士”联系起来。

最后，两人商量好第二天先到集市买大米，然后一起送去。

隔天，Jogo 开着吉普车，载着我们，真的去了当地的农贸市场，买了三袋大米。我看 Magne 付了 50 美元，大概不止 100 斤。一路风尘，我们驱车到受灾的区域。这里有点像贫民窟，几十户人家，搭着简易的帐篷，老人在外面坐着，小孩子乱跑。我们把米搬到一棵大树下，Jogo 招呼大家，于是各家各户纷纷拿着锅碗瓢盆，来领大米。我帮忙扶着袋子，Magne 舀米，亲自把米分到每一家手上，忙了好一阵，终于忙完，吁了口气。我们坐在树下，Magne 通过 Jogo 翻译，跟老人家闲聊了几句，看得出来，这些贫民日子不好过，但似乎也对这种现状无可奈何。

4 月中在柬埔寨旅行以来，我见到了很多自发的，没有任何功利的慈善行为……大多是公益机构组织的。像 Magne 这样个人去做好事的，还是挺少见。起初我非常惊讶，但看他做得特别自然，没觉得自己在施舍或者行善，仿佛那些普通的灾民，就是自己同村同族的兄弟姐妹。我能感受得到他对这片土地上普通人的爱。渐渐地，跟着他一起做好事，我也觉得自然而骄傲。

我们每个人身上都有一些符号，Magne 的是文身，喝酒，不工作……人们喜欢给这些特点贴标签，但这并不意味着这个人的品行是好或者坏。它就是一种生活方式，或生活方式的一部分，和世界观、价值观无关。你觉得对的事，在任何生活状态下，都可以坚持。所以我和 Magne 在一起，每每喝嗨的时候，总是互夸对方：“You are a good boy！”“you are a good girl！”

最后一晚，我说：“这几天都是你买单，今晚我们去吃点好的吧，我请客。”他说：“既然你爱吃海鲜，我带你去一个本地人的地方吧。”几经周折——中间他的脚还被划伤，收拾了一通。直到晚上 8 点，我们才坐在那家看起来有点贵的餐馆，不知是不是因为新年刚过，只有我们一桌客人，两个 waiter 服务。也许不太了解这家餐馆点菜方式是中式的，他按照分餐的方法，点了两只虾，两个炒饭，结果上来两大盘饭，根本吃不完。好在那只大皮皮虾，肉质弹牙，佐料只有胡椒和盐，挤上几点青柠，蘸上后，真是美味无比啊！后来朋友们常惊讶于我对柠檬汁配海鲜的偏爱，原来这习惯和口味，是在西哈努克城的海边开启的……

吃完后，我们靠着椅背说话，我问了一个一直想问的问题：

“Magne，你那么年轻，就要这样过一辈子吗？”

“这有什么不好吗？”他反问我。

“嗯，似乎这和现代人的生活，不太一样，没有努力地工作……”我组织着语言。

“努力工作的目的是什么呢？”他笑道：“不就是享受生活吗？那些人一年到头都在工作工作，目标就是到海边晒晒太阳，无忧无虑，吃吃海鲜……我们，不是已经在享受着了吗？”

他说的也是，我想起那个著名的“渔夫的故事”，竟无言以对。

□ 给灾民分大米

因为剩了不少饭，他说，不好意思，自己不常吃海鲜，没点好。就这几个菜，一结账，要 20 美元呐。他问我：“Are you sure？（确定你买单？）”Magne 在吃上一直不吝啬，总是抢着买单，所以，虽然有点心疼，我还是大方地说 sure。

回到酒店，我们继续喝啤酒聊天，他问了我不少关于中国的问题，我有点不好意思，一方面是，很多事情我都没听说过，包括我在藏区待了两年，却并不了解藏族人的真正想法，更不了解世界对西藏的看法。另一方面，觉得自己似是而非，没有太多观点可以分享。Magne 说：“你觉不觉得你们对许多事情的看法，和其他很多国家，都是不一样的？”那时的我，还是一个防御心重，容不得别人说自己国家不好的人。虽然我的英文探讨这些话题够费劲的，还是努力去表达。每当我说不出，就说：“你知道的，对吧？”Magne 总是笑笑，说：“我知道。”其实，这趟旅行已经让我感受到不少差距了。因为同龄，我们有很多话题可聊，但很明显，Magne 这个“嬉皮士”，远比我更关心世界、社会和他人，更有独立的思考和人格。我对自己说，回国后得多看书，补补课。他的谦和、寡言和善良，是我喜欢他的主要原因。

离别的时候终于到了，最后一天早晨，他陪我到车站，买了中午前往金边的车票，他要再住一晚，等朋友归来，然后启程回泰国，两个星期后再回挪威。我们在车站吃了一顿普通的 Brunch，打发最后一小时。他用 Google Map 找到他在挪威的家，一栋红色的房子，坐落在北大西洋的岸边……他用网络熟练极了，那时候还没有 Wi-Fi，并不是每个人都那么迷恋互联网，他却像一个网络先行者，几乎每时每刻都挂在网上。

最后，他说：“Wish you have a nice trip in Vietnam.”（希望你的越南之旅愉快！）我对这普通告别却生出一点不开心，酸酸地说：“This is your good-bye speech？”（这是你的告别演说吗？）没料到他顿了一下，非常认真地看着我说，“That is no a goodbye speech，I would see u again，I’m sure. Cathy.”（这不是告别演说，Cathy，我一定会再见你的。）

确实，我和 Magne 的故事没有结束，我们常常在 MSN 聊天，讨论各种时事，他的互联网思维打开了我看世界的眼光。后来，我们还有澳门、广州的会面，一起同游泰国苏梅和马来西亚的美好回忆，那，都是后话了。

回到金边，我拿到了越南签证，继续我的旅行。从南到北穿越越南的途中，我又遇到了许多长期旅行的人，大多是欧美人，我不仅英语进步神速，也经历了更多有趣的故事。

香港小妞黄军与暹粒

听说我一个人旅行，常有朋友用暧昧的表情问我：“旅行时是不是常有艳遇啊？”我嘴上不说，心里盘点自己的旅行，艳遇不多，遇“艳”倒不少。

我说的“艳”，是旅途中遇上的美好女孩。香港小妞黄军，就是我第一时间想到的人。

2007 年 4 月的柬越之旅，飞柬埔寨的暹粒，是我的第一站。我们是傍晚降落暹粒的，飞机滑行，缓缓停下。所有人都站起来拿行李，同排对面座位走出一位短发女孩，个子不高，笑意盈盈，看似来旅行的，我俩挤在走道上，我忍不住问：“一个人？”就像独行者的暗号，她点头笑道：“你也是？”“那一起吧！”就那么简单，我们立刻组成了旅行同盟。

简陋的机场里，我们领了行李，我问她：“你订酒店了吗？”“没有，你呢？”“也没。”“听说有个区域是游客区，待会我们打个车去吧。”这在 10 年后的今天，简直无法想象，第一晚的酒店都没订，两个女孩，就敢独自飞到异国。

一出机场大门，我俩呆了，没有出租车，只有几辆突突 Tutu—— 三轮车，停在昏暗的灯光下。怎么办？面对围过来的突突司机，她拿着一本 LP 问，“这个地方，去吗？”突突司机当然点头，“知道知道。”我们对了一下眼色，还能怎样，去吧。

突突带着我们七拐八拐，到了一个区域，挺多客栈的样子，我们稍稍放心。但是，车夫停在了一间不是黄军指定的客栈门口，说“就这家吧！”问他为什么不是我们要去的酒店，他摊开手，“找不到了。”我们知道上当了。屋里迎来看上去不像坏人的旅馆老板，黄军说：“我去看看房间。”回来跟我报告，“一晚几美元，在我们的预算内，住不住？”这时已是晚上八九点，人生地不熟，我俩决定，先住下吧。

来到房间，空调有问题，黄军又挺身而出，下楼去跟房东谈。她的英文一开口，我就知道极好，所以，就让她张罗去了。过了一会，她很生气地回来，说：“这个

旅馆老板，坐地起价，不行，明天咱们得换酒店！”我劝她：“别生气，谁叫咱们冒冒失失地就来了呢！” 她笑了，“既来之，则安之。”我们都庆幸下飞机前，勇敢地认识了对方，现在至少有个伴儿。她是香港人，这从她比英文差多了的“港普”可知，我喜欢她开朗、干练的样子，尤其是跟本地人的交流，不胆怯，看来是个常旅行的人。

第二天天一亮，打了辆车，找到之前她想住的European Guesthouse，果然，这个旅馆好多了。宽阔的花园，种了东南亚常见的鸡蛋花，行李小哥带我们穿过院子，房间很大，空调电扇齐备。我俩四仰八叉地躺在舒适的床上，吹着风，开始计划我们接下来的吴哥窟之旅……

□ 乘坐突突车游吴哥窟

吴哥窟观光

我们在暹粒的旅行生活，就这样悠闲地开始了

第一天的行程，乘坐突突车游吴哥窟。黄军计划了五六个要看的庙宇景点。因为没做功课，我只能糊涂地跟着黄军和司机走。这个“坏习惯”延续了我整个旅行生涯！很多人以为我是个旅行专家，去之前一定计划周详稳稳妥妥的。事实上，80% 的行程，都是在去的路上，我才慢慢做功课。如果独旅没关系，有同伴就要被批评了。

一上午游览的 Pre Rup（普拉普寺）和 East Mebon（东梅本寺），后来知道都是旅游书上的打卡点。比如女王宫，它的雕塑确实精美绝伦，可是游客太多了。聪明的做法是，等一批旅行团离开，整个殿里安静下来，那时候的感觉最美妙，和古建筑相处的时空感，才浮现。

天气比预想的热太多了，在 East Mebon 我们又热又乏，按书上提醒，我们打道回府，睡到二点，在头疼欲裂的昏热中，继续下午行程。下午游览的 TaSan 几乎没印象，Neak Pean(涅槃) 是个四方的城池，四面各有一尊雕像，传说每到雨季，池里涨水后，水会从雕像嘴中吐出。

司机说，如果我们想去巴肯山看落日，便去不了黄军计划中的最后一个景点宝剑寺了。于是我们赶到巴肯，这时已是下午六点，守门人不再放人进山。天色已暗，黄军仍执着地想完成今天的计划——宝剑寺，我劝她：“我们累了，司机也累了。”她想了想，同意今天就到这儿了。这就是她可爱之处，有时很执着，却还是可变通的。

第一天的“激烈运动”把我累趴下了，晚上随便吃了点东西，我便早早上床睡觉。忍着疲倦，阅读了旅行书上的景点介绍，明天要去的吴哥城、吴哥窟、巴扬寺及广场，都是最经典的景点，行程将更紧凑但也令人期待。

一早，穿过南门进入吴哥城，来到著名的“高棉微笑”所在的巴扬寺。初遇巴扬寺的

笑脸石刻，非常震撼。一幢幢石塔，据说一共有54座，代表了柬埔寨54个省，每个塔上都有一两张巨大的笑脸，清晨的阳光穿过石柱，给笑脸蒙上一层温暖神秘的光。“高棉微笑”闻名世界，是吴哥窟，也是柬埔寨的象征。这里的游客最多，如果想好好地欣赏，需要避开一阵阵的喧嚣。缓缓行走在塔林之间，有时，迎面遇上一张敦厚的脸庞，有时，远远看到一副鼻翼隆起的侧脸像。有时一转身，进入一条无人的路巷，世界便只剩下你和千百年前的脸庞相视一笑。

我和黄军很有默契，通常到了一个景点，约好碰头的时间，然后各自游览。我们都是独立而有旅行经验的人，尊重彼此的不同游览习惯。

吴哥城的地图迷惑了我和黄军，感觉很大，其实只有王城和象城两座城墙可看，瞎转了几圈，回到司机等待处，我已汗流满面。可是等到近12点，黄军才回来，说她迷路了，因为地图在我手上。也许天气太热了，她显得很不高兴。可是她忘了，是她把地图夹在书里，把书放在了我包里。我感觉到了她的烦躁，但没说什么。

到了宝剑寺，我们照例分开游览。

宝剑寺本来是所有庙宇中最籍籍无名的一座，俗称“父庙”，因为是某位国王为自己父亲所建。这里游客没有大庙那样川流不息，只有一条道路走到头。面对一大片仿如圆明园废墟般泛青的柱子和雕像，没有游客，只有蝉鸣，我整个人放松下来。挑了个远处的位子，

□ 吴哥的微笑

坐下，掏出烟，点了一支，所有的烦躁慢慢沉淀。远处，一个穿着橘红色长休闲裤的金发小伙子，靠在石柱上，艳丽的装束和古老的建筑相得益彰，美极了。我欣赏着他，就像欣赏一幅画，忍不住端起相机……我突然领悟道：建筑是静态的美，有了人，更突出了它存在的意义，有了动态的照片，就不再是一张"考古图"了。

当时的我是如此痴迷摄影，如此用心。到后来手机拍照流行后，我便失去了用心的态度。

院子的安静让我遐想：吴哥窟如此大，不知梁朝伟诉说秘密的地方，在哪一座寺庙？当年很多文艺青年，是因为王家卫的《花样年华》而神往吴哥窟，到这后，都会情不自禁寻找心中那个"树洞"……我也想过，倘若到了吴哥窟，会向我的"树洞"诉说些什么秘密呢？

此刻，在周遭寂静蝉鸣声声的树荫下，和烟圈袅绕心情放松的一瞬间，我觉得树洞在哪儿不重要了，秘密也不重要了。这一瞬间，产生的感动最美丽。

下午的游览，漫长而令人精疲力竭。中间黄军因为胶卷没了，让司机把她送回旅馆，再匆匆赶来和我会面，傍晚一起到巴肯山看日落，可惜天公不作美，彩霞都没出现。在观赏风景上，她是很执着的，而且精力充沛。

晚上，拖着沉重的步子回到酒店，黄军仍然活力满满，要外出吃饭。我说"人老了，不服不行"，决定留在旅馆吃面。于是，遇上了定居法国的上海人老钱。

偶遇老钱

法国人老钱是此程的一段小插曲。我在餐馆吃面时，他刚到，手里拿着儿子给他的“圣经”—— 旅行线路图，主动地跟我谈起他的行程，我看了看，其中高布斯滨 —— 千阳河，正好是我感兴趣的，于是，在我的怂恿下，他把原来第三日的行程，调到了明天，我便决定和他同行。黄军明天要补回今天因为拿胶卷而没有游览的景点。

老钱是 1981 年出国的，幸运地在巴黎生活至今。近几年爱上自助游，他去过云南、埃及，欧洲各国就不用说了。他很健谈，路上遇到过几个像我这样旅行的女孩，他啧啧赞叹道：中国有你们这样的年轻人，就有了希望。

□ 高布斯滨——千阳河

高布斯滨给我带来一丝惊喜。首先得爬山，穿过原始森林，树荫下小径非常凉爽。我们与一队法国老人团同行，安静而闲适。高布斯滨意即“水下浮雕”，据说枯水期，那些“林迦”——阳具图腾的浮雕，一个个会露出水面，形成所谓“千阳河”……其实，浮雕远比想象的范围小。期望过高是要失望的，不过，我们心态好，很满意周围环境的清幽。

导游在向老人们讲解，听不懂法语，呆了一会儿我就建议离开了。老钱说，导游在介绍暹粒的宗教，和他们的图腾信仰，“欧洲人的文史修养是非常高的，”老钱感叹道，“从他们旅行的方式可以看出来。”我忽然间有点惭愧，没有导游或没有做好历史文化功课，确实使我的游览流于表面。在景点，很多团队有导游，但他们的解说中不少专业宗教名词，听不明白我就放弃了。

□ 湿婆神雕像

后来我就比较留意，比如一直听到Shiva这个词，在景点说明上看到后，我查了字典，原来是印度教里最重要的神——湿婆神的名字，他兼具生殖与毁灭的神力，林迦是他的象征。所以，高布斯滨既是典型的生殖崇拜遗迹，也是印度教重要的宗教场所。

归途中意外碰上当地人庆贺新年，似乎十里八乡的青年都聚在了广场的古塔下，除了互相洒水，他们还拼命往对方脸上扑粉，水和粉在空中乱飞，我们也不能幸免，奔跑起来，和当地人一起感受新年的欢乐气氛。

老钱的阅历丰富，有许多有趣的经验，但他非常自负，也许是年龄的缘故，几乎不给人说话的空间。同游了一天，我的感觉不太好。他一个劲儿批评我的旅行计划，想说服我和他同游越南，这让我决定：同游到此为止。

为了不伤害他，他临走前一晚，我躲到外面吃晚饭去了。谁知第二天一早，院子里正好遇到拿着行李离开的他，我们有点尴尬地告别，但别后我一身轻松。独旅的好处就是，你不必勉强自己，旅途中认识的旅伴，合则继续，不合则分开，这是大家的默契。

□ 新年泼水节

闲逛与公益

黄军在暹粒原计划只呆 5 天，观光花了 4 天。到了最后一天，仍不见她积极张罗车票的事。等到老板娘回复，前往西哈努克的车子只有大早才有，晚起的她，哈地一声躺回床上，顺理成章又多待一天。

这两天都没具体安排，正合我意，我们便打算逛吃逛吃。

之前我们常在 Happy house 吃早午餐（brunch），试过本地市场小摊的第一碗“金边米粉”后，我们决定从现在开始，只吃这种便宜又美味的本地美食（local food）。我们在市场里闲逛，吃冰激凌，做按摩（Massage），在“高棉厨房”享受本地美食 Amork，认识了帅哥 —— 香港电台的主持人 Gary，他的笑容又帅又甜，纯正的普通话和黄军的港普形成鲜明对比，让我忍不住打趣她。我们相约晚上一同参加酒吧街的募捐晚会。

黄军在柬埔寨的旅行还有个目的，就是参与公益，对此我也有兴趣。也许，使用孤独星球（LP）的旅行者，都有相似之处吧。LP 不仅仅是一本旅行攻略书，它号召的环保，公益，注重文化的旅行方式，它的旅行价值观，深深地影响了几代读者。这是后来抛弃了书本，只从网络寻找攻略的旅行者们，缺少的一堂入门课。带着 LP 独旅，遇上同样拿着 LP 的人，就找到了趣味相投的同道。

我们去了书上介绍的“地雷博物馆”，因为柬埔寨的战乱不断，战后，许多被炸伤的残疾人，靠 NGO（民间组织）的公益项目收入，得到一些捐助。在博物馆，我们发现照片很少，来自美国的志愿者帅哥告诉我们，很多东西都搬到新博物馆了。他给我们留了地址，特意告诉我们晚上在酒吧街，有一个小型的募捐活动。

晚上，我们和 Gary 在酒吧里碰面。整个募捐活动是一场类似“知识竞赛”的游戏，通过抢答问题获得奖品，然后捐赠给炸伤的孩子。不过，活动用英文进行，那些知识题涉及历史、文化、地理、娱乐，英文好得不得了的黄军尚且有些答不上来，很快我和 Gary 就失去了兴趣，一边聊天去了，只有她还在积极参与。

出国前，我已开始和国内一些公益人士，比如广西北海志愿者协会的会长西鱼有接触，参与了他们一些项目。她知道我到处旅行，让我留意下其他国家是怎么宣传公益的。正巧黄军对此感兴趣，我也顺便了解了。其实，酒吧里这种形式，不是跟我当年在“香格里拉”德拉姆做的公益很像吗？黄军走后，我又参加了一个医生组织的小型公益音乐会，很有启发。

第二天也是如此，悠闲地吃完早午餐，我们或一杯咖啡在手，海阔天空地聊；或各自捧一本书，静静地看。累了，便去逛街。自由慵懒的闲逛，比起匆匆地观光，更能领略当地人的生活，更有满足感。

我们在大街上有幸遇上了一场婚礼和一场葬礼。婚礼是中西合璧的，新人穿着礼服，跳国际舞，家人围坐路边，自得其乐。葬礼有送行的队伍，当地人告诉我们，本地人大多会火葬，也有土葬，有钱的人坐着车子送葬，没钱的就步行……说幸运，是因为了解一个国家的风土人情，婚丧嫁娶是最典型的形式。

晚上，我们洗去白天的炎热，躺在铺着竹席的床上，房间顶上的电风扇悠悠地转着，我有一种回到童年夏天的感觉，通身放松。

□ 残疾的女孩

当时我正在读三联纪念王小波的文章，我说不上是他的“门徒”，但这两年的经历，让我越来越明白，自己想要的和正在过的生活，正是王小波孜孜以求的：摆脱无趣的，没有个人尊严的生活方式（它并不单纯指在某个机构里），追求自由的，随性的、知性的生活……

我告诉黄军我的感悟，发现我们想法一致——尽管我们的成长环境和过程如此不同。我问她：“你觉得年轻人的使命是什么？”她答：“当然是修身，齐家，治国，平天下！”令我十分惊讶，想不到这个句子从自由洒脱的她嘴里说出来。我顿时意识到：我对香港人的成见多么深，不仅不相信他们的中文水平，也不相信他们的志向如此高远。

事实上，当我和黄军成为朋友后，我们彼此更加了解更加互相欣赏。那几年，我常常去香港。2008 年生日那天，我和她在香港的街头逛“乐文”和“田园”书店，参观油麻地艺术中心，在深水埗宵夜，吃弹牙的“虾子面”。晚上，她师兄 L 从澳门回来，我们三个人，买了几罐啤酒，挤在她桂林街的小出租屋里，高谈阔论。

L 是她在德国留学时的师兄，他对内地电影与文化的热爱，就跟黄军说治国平天下一样令我意外，他喜欢看国内电影，比如《疯狂的石头》，他好奇为什么许多中国电影喜欢选择重庆做城市背景，当我告诉他重庆是怎样一个多面而有趣的城市时，他和军军露出无限神往的表情。他们在压力极大的外企工作，却都直言自己喜欢文学，这个爱好在如今，都要遭人笑话了吧。我们聊到法国电影《梦想家》，感受得到他们受欧洲知识分子的影响至深。我们都极爱德国电影《窃听风云》，因为喜欢，德国朋友送了军军一本剧本，我便央求他俩给我念一段，于是，他俩各念了一段。德文真美！

他们关心社会，对自由和精神世界的追求，不仅打破了我对香港人原来的想象和成见，更深深地打动了我。那一年，黄军才 26 岁。

又过了些年，她所在的咨询公司给福建一家运动品牌做项目，于是她常常往返两地，实现了她了解内地的愿望，普通话也大有长进。我们陆续见过几回，每次我们都自嘲：那个 Mr. right 怎么还没有出现？

有一年，在国外旅行时，突然看到她的脸书（Facebook）消息，似乎结婚了，而且移民到了美国，我有点不敢相信，赶紧私信她。果然，那个一直感叹知己难求的女孩，真的结婚了！我由衷地祝福她，她邀请我尽快去美国相见。转年，Facebook 的照片中，她的宝宝出生了，真快呀！而这时，离我们认识已经过去十年了。

2019 年，我决定要把这些年的旅行回忆整理出来时，翻到了 2008 年的《香港琐记》—— 记录了那晚我们三人畅谈的小文。忍不住，我把全文发给了黄军。可能她不常看微信吧，过了好几天，才突然收到她的长留言：

“我的天啊，这就是文字的力量！我非常感谢你，芸，因为你生动的文字，记录了 26 岁那年我的青春，那些一去不复返的时光。”

“其实，当年我和师兄曾经考虑过在一起，却因为种种原因，没有走到一起。”

“现在，我来到了当年你的年龄，老实说我对婚姻，很失望。嘿，生活，真不容易。”

“我想你，潇洒的身影，爽朗的笑声，还有文字……”

“我好想你。”

与吴哥窟独处

半夜，我从噩梦中醒来。梦里，飞的好朋友把我约出家门，告诉我他要离开的消息，回到家里，他们已经在搬家了，墙上的画，说撕了就撕了，来不及抢救，我又急又痛，给朋友发短信，还未发出，哇的一声，我从梦中坐起，绝望地放声大哭……

黄军走的那晚，我一个人住，做了一个一辈子都记得的噩梦。

第二天醒来，暹粒只剩下我一人，倍感孤独。闷闷地，我哪儿也没去，重新翻阅着旅游书。

一直觉得前三天的游览，太囫囵，好多风景没有细细品味。一向反应迟缓的我，是不会在见到风景的瞬间震惊或感动的，好像总在慢慢回味的某一时刻，对风景的感情，悄然发生。

□ 吴哥街头

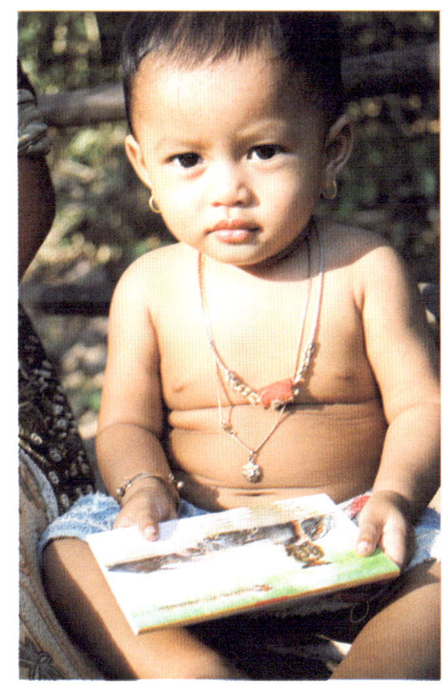

□ 吴哥人物

和黄军逛市场那天，我们经过一家摄影工作室，一个小型摄影展正在展出，十五年前的黑白摄影作品，和今天的吴哥窟影像摆在一起，看到的那一刻，我的心猛地跳了一下。照片中，时光在暹粒的艳阳下慢慢流逝；而吴哥窟的雕塑在时光的流逝中，却兀自微笑着留存。我对自己说，那么美，那么不可思议的世界，是不能在浮光掠影的心境下欣赏的。我期望拍到好照片，但是，没有一颗安静的心和寻找美的眼睛，哪来优秀的作品？回想起这三天认识的吴哥窟，居然有一丝隐隐的痛。

于是，我给接下来几天做了安排：租辆自行车重游吴哥窟，好好品味那些岁月沉淀下来的历史。另外，参加医院的慈善音乐会，逛集市。

非常自由的几天，每天睡个懒觉，骑车到“纸老虎”，这里几乎是我在暹粒的家了，用他们的电脑倒照片（不记得当年是从哪倒到哪了，反正不像现在相机卡片内存大，估计是从卡片倒到硬盘？）。上网时，遇上了法国男生 Mat，很友善，我差点把他的名字念成 Mushroom（蘑菇），他做了个生气状。他给我推荐了金边的客栈，我把小纸条收好。回到那家摄影工作室，黑白照片制成的卡片 1.5 美元一张，有点心疼，但太美了，买了 4 张，打算寄一张给摄影师朋友老邝。

今天，要进吴哥窟，跟它说再见了。

在天色将明的早晨，我骑上自行车，悠然地沐着晨风骑行，暹粒的空气从来没这么清新过。

骑行到吴哥三塔，天色变得苍白，估计看不到日出了，观日出的人已开始往外撤。光线不够，也拍不出好照片。“不要紧，我只是舍不得，再来看看他。”自我安慰道，在莲池拍了几张倒影，绕着池塘走了一圈，就离开了。

其实，这样的结果是可预见的，对任何美好的事物，都不该心存贪念。离开吴哥窟，散步于吴哥城时，我不再指望非拍出更精彩的照片，只把骑车漫游当成享受。

然后，我再次和“高棉的微笑”相遇，再次穿过王城和象城，再次走在去塔普伦寺的林荫大道上，我的 MP3 里放着张学友的歌，我的心在阳光下飞扬，沉溺，悲伤，快乐……我喝了 12 号摊位的冰柠檬和 9 号的冰咖啡，好像重复第一天我们的经历，遇上了好几个漂亮的本地孩子，给他们拍了照片。骑自行车感觉很奇特，虽然累，但非常洒脱，是游览吴哥窟最惬意的方式。

回程中走了另一条路，比计划中远，回到客栈时已经下午 2 点了，因为穿的是短裤，我的双腿晒得通红。好几天后，变成了深色，双腿的健康色估计就在那时候留下了。

下午，到 Happy House 买前往金边的船票（那时旅行真是不着急，第二天要走了，今天才慢慢买船票，万一买不到呢？多住一天呗！）。在“纸老虎”餐馆吃了最后一次 Amok，和两个熟悉的员工告了别。回到客栈，发现又住进了加拿大和阿根廷帅哥，闲聊一阵，遗憾我明天要离开了。旅途中人来人往，在对的时间，对的地点，遇上对的人，像我和黄军，以及后来遇上的 Magne，就是美好的缘分。

从南向北，纵贯越南

西贡、湄公河、邂逅 Shamoo

5 月 14 日，在西贡的最后一天。我坐在号称城中最好咖啡馆的 Stella café 里，最靠外的一张小桌前。早餐盘上雕着一朵玫瑰，精致的西式早餐，纯白色的咖啡杯，确实代表了“范老屋”的水准。门槛外，雨水从篷上连成一条条线地落下，街上骑自行车和摩托车的人，都遮着雨布穿行。对面几家店铺，无聊地站着老板和小妹。Thanh Hai 小吃店，Kitty 美容美甲店，164# 网吧和一家叫 Inovid 旅行社（上面写着：LP 上没有告诉你的，我们就带你去），又一个下雨的早晨……当我写完日记，街道两旁已经形成了两道水沟，一切像一幅摄影照片，有些部分像童年的记忆。

三天前，我拿着在柬埔寨办好的越南签证，和一车的国际游客，坐着大巴，在柬越边境的公路上颠簸了数小时，到达越南之旅的第一站 —— 西贡。西贡，Saigon，1976 年更名为胡志明市，中国官方一直使用这个名字，但国际上喜欢用老名字。

我的旅行和许多西方游客一样，按 LP 的推荐，从柬埔寨入境，自南向北行进。所以，和许多中国游客从北部先进入河内，感觉可能不太相同。据说，西贡跟首都河内很不一样，它，是最西化也最不像传言中越南的城市。

大巴上，我旁边坐了一位德国老头，我们客气地聊了几句，他很有礼貌，对我似乎很感兴趣，一直希望到了西贡可以同行，我对他却不太感冒。他有一句口头禅，每次开口说话都先说“you know ？”到最后我哭笑不得，很想回答他：“I don’t know …”没办法，人和人的缘分就是那么奇怪，第一印象就决定了喜不喜欢。我只想安安静静地乘车，于是假寐，大巴的空调很猛，他居然帮我掖了掖盖在身上的衣角。

一路风尘，大巴把我们送到国际游客聚集区 Old fan house(中国攻略叫范老屋)。大家散开，分别去找自己的客栈。当时没有网络，而且都是自由的旅行者，很少有人预订酒店。反正游客聚集区都是穷游者熟悉的民宿或青年旅馆，像桂林西街，安全而让人放心。

德国老先生还跟着我，在参观一家客栈时，他说这家不错，我很不善良地说："那您住下吧，我不太满意。"狠下心在他遗憾的目光中离开了。最后，在不远的另一条街上，选了一家不大但干净的家庭旅馆住了下来。

旅馆的主人是一对中年夫妻，也住一起，真正的家庭旅馆。他们的家庭条件似乎算中产，一楼的客厅有电视，餐桌干干净净的。夫妻看上去都比较精明，男主人说他的孩子曾在上海工作过，这让我感到了一丝亲切，客厅的小书柜上，摆着几本书，我找到一本越南的 LP。

我对西贡最大的兴趣是湄公河。对，从柬埔寨金边，到越南，它将在西贡的东部汇入大海。经典小说玛格丽特的《情人》中，法国女孩和中国男人的相遇，就在越南的湄公河上，这让它显得更与众不同。据说入海口支流上的 Floating market（水上市场）颇有看头。老先生之前想跟我一块儿去，现在我把他摆脱了，只能自己到旅行社里了解情况。

也许旅行社认为一个人没什么油水可捞，态度很不友好。我一气之下，自己查了 LP，在书上抄下水上市场所在的城镇 Canthon 和旅馆的名字。把大行李寄存在家庭旅馆，一个人踏上了这段两日的旅程。

说起来我也够粗线条的，仅凭一张小纸条，告诉出租司机我要去的车站，就上路了。一场大雨突然降临，就像是对我的警告：旅程可能没那么顺畅。不会说英语的司机找了老半天，才找到我要搭车的车站。中午时分，上了一辆 mini bus 小巴，以为可以放心一觉到目的地了，谁知一个热心的小姑娘告诉我，还得换大巴。换完大巴，再出发，已经是下午 4 点了。一路大雨，车只能缓缓行驶，中间停下来吃了一碗米粉作为晚餐，然后继续赶路。终于在天黑前，到达一个港口，小姑娘让我在此下车。还是凭着手中那张小纸条，默默地递给一句英文不会的摩托车大哥，所幸他们真的懂路，20 分钟后，把我送到这家在 LP 上打头推荐的家庭旅馆 Hien Guest House。

□ 越南人物

□ 越南米粉

灯火通明的旅馆，老板娘热情相迎，终于到家了！我悬了一路的心，终于落地。这家老板和西贡那家老板同是老师，但感觉淳朴得多，老板亲自帮我挂上蚊帐。洗过澡后，我就在蓝色的蚊帐里写当天的日记。

这时候，才有时间回味这一路的经历。巴士上的本地人，给我留下了非常好的印象。一个电力公司的女孩，周末出差，热情努力地用英文给我指引。最后一排的老伯，知道我从中国来，纠正女孩 Chinese 为 china，并唱起“东方红，太阳升”，说中国歌曲在越南曾如此流行。跟他们一起，除了交流有点困难，完全没有陌生感，就像在广西旅行一样。他们就像我的父母兄妹，对一个外国人，淳朴而热情。原以为只有两三小时的车程，没想到走了一整天，到达客栈的一瞬间，我真的满怀感激，感谢一车人的善良目光，陪我一路。

第二天起个大早，就为赶水上市场的早市。其实昨晚我刚到，就有租船的女孩到店里来抢生意。讨价还价后，从 15 美元降到 10 美元，仍超出了我的预算，但有什么办法呢，选择独行，只能独自承担费用了。

一人乘坐一条小船，倒是自由自在。船夫是个油嘴滑舌的小伙子，一路上我都很照顾他的生意，给自己买咖啡时，也给他买饮料。中午他只让我吃上了方便面，自己点了好几瓶饮料，除了烟钱，我都给他买单了。水上市场没有什么特别的，不似泰国的繁华热闹，但水上的小村庄挺不错，恬静富足的样子。村里转过又回到市场，在一条大船上面，一群老外在吃菠萝，船夫让我上去玩，一个男孩走过来，拉我上船，蓝色的眼睛美得摄人，原来他们从新西兰来。他们问我，这儿和中国是不是很不一样，我说，和中国南方还是挺像的。

□ 会安

□ 湄公河水上市场

整个行程，只记得湄公河浑黄的河水，却完全和《情人》里的浪漫联系不起来。下午两点，我离开了 Canthon，和来时一样，坐车回到了西贡。

这趟短暂旅行，仿佛又是一个对独旅的小小考验：我终于摆脱了不喜欢的旅人，傲慢的旅行社，摆脱了畏惧和孤独。

回到西贡的晚上，洗了个大澡，洗去了旅途的疲惫，穿了一条裙子，披散着头发，皮肤上还残留着太阳晒后的温热，慢慢散步到附近一家餐馆。点了一份餐，一个人静静地吃着。

餐厅里没几个人，身后有两个男孩在看电视，吃着吃着，就感觉后面两位好像在谈论我，忍不住用余光扫了一扫，原来是两个黑人男孩，看起来倒是不像坏人。一个男孩似乎在鼓动另一个男孩，终于，其中一个站了起来，走到我对面，说，我可以坐下吗？我抬头看着高高的他，做了个无所谓的手势，他于是顺势坐下。

“你一个人旅行吗？”

“是的。”

“你在这里住多久了？”

“几天而已。”

“去哪里玩了？”

无外乎一些旅行者的客套。然后，很快的：

“我可以请你去喝一杯吗？”

“哦？”我有点警觉，这是我第一次和黑人说话，在异国他乡。当时，我还没去过欧美，脑海里有很多成见，但又不想显示出自己没见过世面或者害怕的样子，我反问他：

“你也来这里旅行吗？”

“哦不是，我在这儿工作。”

“工作？”

“嗯，事实上，我是踢足球的，我和我的朋友，我们为越南国家足球队踢球。”

“哦，”我看了一眼另一个男孩。他冲我挥了挥手。

“你们是球队外援？”

“对的，我们正在西贡集训。”他接着说：“你介意跟我喝一杯吗？就在附近，有家有名的酒吧，我就希望跟你坐一坐。”

我低着头，心里很纠结，其实，如果不去拒绝就是了。可是，心里有个声音在鼓动着：我，在这个城市，一个朋友都没有，也没有旅伴，无所事事……我默默地吃完饭，他在一旁安静地等着。最后，好奇心占了上风：

“好吧！”我说，“就喝一杯，然后你送我回家。”

“太好了！”他高兴地站起来，像个孩子。

他叫来出租车，我们一起来到一栋比较现代的建筑前，他很有礼貌，帮我开了车门。酒吧里多是本地年轻人，穿着时尚前卫，估计是西贡比较高档的娱乐场所。其实里面更像一个 club 俱乐部，有舞池，三五个人在跳着舞。酒吧里空调充足，感觉旅行了那么久，好像一直在炎热中奔波，凉爽放松的环境，几乎让我想家了，想念在广州的舒适。

我们各自点了一杯饮料，聊起我的旅行，他佩服道：“你怎么能那么勇敢呢？一个女孩子旅行？”我笑笑不语。“来越南那么久，我还没好好玩过呢！”他又羡慕地感叹。他叫 Shamoo，家在西非的加纳。我从来没有如此近距离观察过一个黑人，他应该是黑人中很帅的类型，年轻的面庞五官立体，脸上的皮肤，简直如绸缎般的细致，黑暗中发出光芒。我们互留了email邮件地址，电话号码。他认真地说：“以后有机会，一定去广州看你。”

喝完了一杯，我说今天累了。他很守信，马上结了账，打车把我送回了旅馆。挥手道别时，他居然有些不舍，叮咛道：“一定给我发短信啊，保持联系！”

这一晚好神奇，也很愉快。我结识了第一个黑人朋友Shamoo，后来的行程中，他一直给我发短信打气，也许他感觉到了我独旅的孤单？几年后，我们真的在广州再相逢。

第二天一早，我把房间退了，去了解Open bus（开放大巴）的具体情况，终于碰上个讲得清的老板娘：原来在越南旅行，坐开放大巴非常方便，只需买一张25美元的通票，便可以自南向北贯穿全程，从西贡一直到达河内。每一站都可以停下来，在中间的小城随意待几天，如果想再继续行程，只需打个电话给旅行社，他们的大巴就会到所住的客栈把你接上，同样一张票可继续使用。这对我这样的自助穷游者来说，真是一个太好的消息了！这也看出越南旅游业国际化的一面。所以，我马上买了通票，准备乘坐晚上9点15分的大巴，这样早晨正好到达大勒。接下来的十几天，我可以从大勒到芽庄、会安，最后前往河内，停留这几个著名的小城，基本对越南有一个全貌了。

现在，我坐在Stella Café咖啡馆的小桌前，屋檐上的雨水从点连成线，就像我这三天的经历。要离开了，总结一下对西贡的感觉。

小时候在广西长大，我对越南的名字并不陌生，除了“对越自卫反击战”的抽象概念，就是越南经济一度很差，人们喜欢流传简单粗暴的故事：什么一箱啤酒可以换一个越南女孩之类的，明显带着歧视。

西贡和想象中越南不太一样，已经很现代很商业化。停留时间有限，我只能从接触的客栈或餐馆的老板，来感受西贡的城市性格。客栈里表面热情实际势利的房东夫妇（房东后来告诉我，他儿子没在上海学习过，我不明白为什么他要撒这个谎），旅行社里不耐烦又不得不谦卑的女孩，迪吧里时尚又胆怯的越南青年……一度让我有些不舒服，但是我能够理解。没真正见识过外面世界的人，最容易有莫名的自卑与自傲，这和早年桂林西街表里不一的生意人，多么相似啊，想想不免可笑。

傍晚专门去跟Pizza店的经理道别，昨天从Canthon回来，我换了餐馆吃饭，他

没见着我，果然惦记着。我谢了他，这种几日内建立起来的感情，总是带给我一丝感动。大多数本地人，还是带着天然的荣誉感和善良来帮助外人的。希望他们的本性，不要被商业化完全改变吧。

我相当喜欢西贡下雨的时候，无论是坐在街边的小椅子上，喝一杯鲜榨的果汁，还是面对一杯底下铺着炼乳，上面慢慢滴漏着的越南咖啡，都能让我十分自然地陷入沉思。如果是纯粹的旱季，街上无数混乱的摩托，会让人崩溃，但是雨季，就清爽多了。我的家乡南宁，就是这个样子呀，我在这里找到天然的熟悉与陌生感。对已离开 10 年的南宁，又何尝不是这样呢？熟悉，且陌生。

回客栈取了行李，告别老板夫妇，我背着大包来到旅行社，店里的小姑娘载我去车站。我们驶过夜晚的街头，酒吧街的热闹开始了。一个外国女孩看了我一眼，也许她想：这个怪人，半夜是要去哪里？ 就这样，在别人的热闹中，我告别了越南的大城市 —— 西贡，一个人上路了。

清凉山城大勒

上了车以后，我不安的念头就挥之不去，也许因为去大勒的夜班车上，几乎没有游客，只有几个当地人。跟车上的服务员比画着沟通后，得知大巴将在凌晨两三点就到达大勒，而不是我想象的睡一觉清晨到达。我又一次为自己不严谨的计划懊恼不已。

车上一个会说英语的人都没有，来了这个国家四天了，我竟然连一句越南话，包括谢谢都不会说！万一只有我一个人在大勒下车，万一半夜没有摩的，万一找不到客栈……我这胆子太大，人也太大意了！我情不自禁焦虑起来，狠狠地责怪自己。

突然收到 Magne 从柬埔寨发来的短信，我们开了几个玩笑，我的心才稍稍安定。我这是怎么了，是对他产生了依恋呢？还是对未知的旅程感到惶恐？我怎么感觉自己有一丝丝的脆弱呢？没想到，那个黑人男孩 Shamoo，也发了短信给我，我逗他：“找到一个好女孩，今晚陪你。”他回道：“我已经归队，开始集训了，要几个月不能出门。我不是随便约女孩子的人，约你出去是喜欢你一个人旅行的感觉，你的风格。”我的心暖暖的，慢慢地睡了过去。

凌晨3点左右，我们到达大勒市。一批人已在中途下了车，车上只剩一两个乘客了。我把从 LP 上抄下来的客栈名字，递给服务员。幸运的是，她非常热心，看清地址后，她一路指挥着大巴司机，居然一直把我送到客栈的门口，让我超级感动。

大半夜的，一个女子，站在陌生的城市，冷清的街头。奇怪的是，我并不害怕，也没有特别的不安全感，可能和这个街区环境有关，即使是黑暗中，也感觉得到干干净净的街道，一栋栋漂亮的小别墅，非常现代和高档，应该是个旅游度假区。

大巴开走了，走到客栈前，门口有一个铁栅栏的小院，把我挡住了，没法靠近大门按门铃，我尝试着叫了一下门，没人反应，估计大家都在熟睡。我不好意思吵醒所有人，于是动了到其他客栈看看的念头，因为附近好几家屋子亮着灯。我找到一家像

酒店的别墅，按了门铃，出来一个睡眼惺忪的女孩，看到我十分惊讶。“酒店没房间了。”她不好意思地说。于是只好回到我的客栈，在邻居家门口坐下来。

大勒估计是山城，晚风吹起来，真有点凉。我抱着腿，望着深夜的星空，虽然很无奈，既来之，则安之。想想算是一生难得的经验，对自己又生气又好笑，不知道佩服我一个人旅行的 Shamoo 知道了，会怎么想。

大概 4 点之后，有人出来晨跑，好像说着日语，日本人，也许这真是个高档旅游区。一边胡思乱想，一边原地跑跑驱寒，一个半小时后，山风大起来，终于有点熬不住了，狠心按响了隔壁的门铃，还好，他们听明白了，帮我打电话叫醒了隔壁值班的男孩，我终于得救了！

到了酒店，一觉伴着噩梦，睡到 10 点，吃了早餐后，又倒下狂睡到下午 2 点半。原来“大姨妈”来了，我的身体告诉我，不能狂奔了，需要好好休息。

大勒果然是一个度假胜地，越南有名的避暑之城，因为山城，夏天非常凉爽，很多日本人在这里消夏。

客栈在山上，每天我就沿着山路慢慢往下走，走到河边，河边有家餐馆，吃了早午餐喝杯热咖啡，看书，非常休闲。《身份的焦虑》里面说，当你明白了金钱不等于美德，不能拿来衡量生活，你就知道，美好的生活就在身边。虽然有时候有一点想家，但是，手上拿着一本好书，和美丽的风景，还有不断出现的惊喜，我就应该耐下心来，让这样宝贵的人生旅行，延续更长的时间。

因为客栈小哥的推荐，我拜访了山上的大寺院。寺院的建筑似乎更像日式的禅院，和国内及小乘佛教的寺院都有些不一样。庭院颇为大气宁静，纤尘不染。正殿的左侧是一口大钟，右侧是一个大鼓，正应了暮鼓晨钟的意境。长亭外一串风铃，叶片吹动的时候能奏响音乐，令人心驰神往。

正殿庄严，除鞋而入，大殿供着释迦牟尼。一位老和尚，在为信徒敲钟，宁静安详。对我而言，藏传或汉传都是佛教，所以有时候我也会拜。每一次，我的心愿都很简单，祈求他保佑一方老百姓安宁，自己的私心不过就是父母家人平安。

这座寺院四面环山，漫步四周，有条小径，入口牌子上写着竹林禅院，我沿着石阶下行，眼前突然出现一个湖，哇，不免惊叹，原来真是世外桃源啊！

本来大勒在我的计划里没有一点概念，但因为山上这大气宁静的寺院和湖泊，显得特别有神韵。

芽庄的船游

芽庄值得一书的，是海上一日船游（Boat trip）。虽然我不太愿意参团，但这些一日团解决了独自旅行的舟车问题，确实很方便。

参团者来自世界各地，每人团费才 3 美元，包括一顿午餐，水果和当地人在船上的表演，当然表演更像一种自娱方式，估计花不了几个钱。船上三四十号人，还有不少赚钱的商机，因为饮料酒水都自费。

船开了一会，到达海中央，熄了火。导游对着大家说了句什么，船上一阵欢呼，所有老外都突然站起来，脱掉衣服，原来他们早就穿好了泳衣泳裤，从船的两边，扑通扑通，直接跳下水去。看来大家都经验丰富，知道船游是怎么一回事啊。

因为生理期，我本来就没计划下水，所以失去了一个疯狂的机会。除我以外，还有几个明显是本国的游客，也没下水，一个女孩对我耸耸肩，说太阳太大了。东方人还是矜持，太在乎自己的外表，怕晒黑了。我们看着水里疯狂的“老外”团友，有点羡慕，又有点无聊。虽然很多年后，海岛游对我已经不再陌生，但我问自己，如果当天能游泳，是否也能这么放得开，答案还是不确定。也不知是因为游泳技术，还是心态。

游累了，大家上船，用了简单的午餐。餐后，灵魂人物，也就是导游，开始发挥他的作用。他既是主持人，更像一个领导者，组织大家把桌子拼到中间，变成一个舞台，然后，音乐响起，他开始邀请年轻的男女上台跳舞，继续海上的疯狂。船上有两个女孩很漂亮，大家目光总不自觉地落在她们身上。导游当然不放过，率先去邀请，她们也很大方。主持人问，你们从哪儿来？以色列！哦，第一次遇上以色列的人，我不免多看了她们几眼，高高的鼻子，深邃的眼睛，这种印象在多年后的以色列，得到了印证，满大街都是类似的美女。

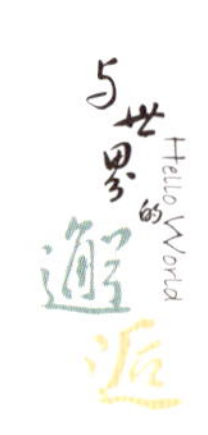

很快，桌子上站满了舞动的男女，鸡尾酒也卖得飞快……我身旁有一对年纪较大的西方夫妇，喝着鸡尾酒，笑吟吟地看着年轻人，那位女士的手臂上文着大片文身，目光里有年轻时的不羁。我不由得想，等我到这样年纪的时候，还会不会继续在世界上行走？像他们一样，和年轻人混在一起，永远有颗年轻的心？

比我们玩得更疯的，是停在附近的另一条船，那些明显喝醉了的年轻飞客，伴随着船上放的震耳欲聋的音乐，在水里尽情嬉戏。游累了，就上船喝酒，敲鼓，唱歌，跳舞。不远处沙滩上，一群年轻人在打沙滩排球，笑着尖叫着，散发着无限的荷尔蒙气息……

那两个女孩跳累了，从我旁边跳下来，坐在边凳上休息，我们聊起来，我问："以色列是个什么样的国家？"她们骄傲地说："特别美。"一个女孩忙着申明，"我们国家不像新闻说的那样，整天打仗什么的，我舅舅在美国，一看新闻就给我们打电话，你们还好吗？我爸妈说，挺好的，不要担心，不要相信那些新闻。"我们呵呵笑了。

一天的船游结束了。原来，船游不是去看看海上风景，就是这样傻玩儿呀，我算是见识了。看来组织者深谙游客不喜欢走马观花的心情，安排了简单而热烈的玩耍，东西虽然简陋，但大家不忍苛责。只是吃喝玩乐，却能尽兴而归。

与三位欧洲帅哥的会安小驻

会安是朋友江妮的推荐，她说会安是“越南的小丽江”。此行遇上的旅行者都喜欢在此多停留几日。

从芽庄到会安，我坐的是夜班车，早上6点多到达古城，大巴上有三个瑞士帅哥，下车的时候，我们结伴一起寻找住处，所以就住在了同一家客栈里。

三位帅哥，大 David 和 Jonathan 是一同结伴旅行的朋友，一起走了不少国家。小 David 则刚从瑞士飞到越南，加入他俩行程。我们到达客栈的时候，一个叫 Talyn 女孩正在退房，热情地跟 David 打招呼，原来他们曾在马来相遇并同行一段，真是巧了，在会安又遇上。Talyn 看上去就是典型的 ABC(中美混血)，华人面孔，一口流利的美式英语，皮肤晒得黑黑的健康色。互相介绍后，她热情地跟我握手，问：“你一个人吗？”我说：“对的。”她叹道：“哇，你是我见到的第一个自己旅行的中国女孩呢！”我不知道这样的赞美应该是高兴呢，还是有点儿遗憾。因为就算在今天，能出国并独自旅行的中国女孩也不多，所以每一个听说我独自旅行的老外，都不吝赞美之辞。很明显 Talyn 就是那种国外长大的孩子，独立而有勇气，背包旅行全世界。她匆匆和我们告别，继续北上，往河内进发。

第二天和帅哥们相约到海边，坐了几乎一整天。他们问起我正在看的《哲学的慰藉》是本什么样的书？引发了我们四人关于快乐的讨论，最后的结论当然是金钱并不能真正带来快乐。小 David 说：“也许基督，信仰能带来快乐。”我问他：“瑞士人都信基督吗？”他笑着说：“no，they believe in money，他们的信仰是金钱。”我哈哈大笑。小 David 是个工程师，典型的大公司精英，一副少年得志，但总有点玩世不恭的样子。他很注重外表，留着精心修饰过的胡子。我说：“像我在中国的同事，他们比普通的中国人都有钱，可仍然很焦虑很不快乐，在欧洲的年轻人中，这种情况普遍吗？”他说：“那当然！大部分人已经获得超过生活的所得，但还是不知足，不快乐。我就天天不想工作。”他懒洋洋地说。

□ 会安海边——大小 David

而大 David 和 Jonathan 明显比他朴素得多。大 David 是中学老师，刚辞去工作，所以有 4 个月的假期，他在考虑是继续做老师呢，还是去学习深造。因为他想改变工作角色，从一个 teacher（老师）转型为 coach（教练），一对一辅导学员，职业上及心理上的成长，这可能比教 20 个学生有更大的成就感。但他没有在企业任职的经验，所以犹豫。他对我培训师的工作很感兴趣，我们聊了很久。现在想想，当时大 David 想从事的工作，就是我目前主攻的教练领域。他真的像理想中老师的形象，严谨朴素，特别善良。也许我在他们面前抽了几支烟，他居然问我有没想过戒烟？他像个大哥哥，带着我们仨儿，我们都称呼他 leader，领导。

Jonathan 还是个学生，主修英语和当代历史，我最喜欢听他说话，清晰而有条理。他对新科技感兴趣，教我用简单的方法整理照片。他也喜欢拍照，所以我们相约上网互相欣赏对方的作品。

会安是一个有海、有古城的地方。古城有些传统的手工艺作坊，值得我们国内的旅游点借鉴。比如 LP 推荐的裁缝店，可以为游客量体裁衣，制作改良的民族服装，一日可取。还有厨师学校，我同屋的女孩就在上课，这些都是体验当地文化的重要手段。

但是游客的鉴赏能力也是个问题。常常看到一些外国老太太穿的衣裙，不过是一些非常旧款的花裙子，质地很差，根本不能代表越南传统服饰或者中式服装（许多裁缝店以“中式服装”招揽生意），所以传播的似乎是些假文化。就像大理的银饰占领整个云南西藏，游客高高兴兴的，以为买到了传说中的“藏银”。

□ 会安的华人文化

在会安，白天四处逛，晚上就到网吧上网，回想当年没有 Wi-Fi 真是不方便。上网的时候收到了好友 Susan 的一封邮件，我点开一看，她专门写信来，告诉我一个坏消息，扮演林黛玉的陈晓旭去世了。

12 岁的时候，我已经熟读《红楼梦》，林黛玉的精神，早已种在了我的身体里。16 岁的时候，我和大多数红楼迷一样，把这种爱，转移到了陈晓旭——林妹妹的扮演者身上。她是为数不多的我追过的星。想起当年和高中同学，就像玉米们追春春一样，跑到宾馆去等红楼剧组，拿着爸爸的小相机，就为与“黛玉”合影，合影后激动不已，仿佛完成了人生中一件重要的事情……

一夜辗转，思绪万千。第二天，在海边遥望蔚蓝的大海，海浪一层层的，从远方涌上沙滩，无边无垠，游人在海上嬉戏，阳光灿烂……这就是美好的生活了吧？！我在心里默默地祈祷：海那边，天尽头的人，安息。

Enrique, Tylen 和越南的小骗子？

5 月 23 日，终于从南到北，坐在了越南首都河内的街头，即将完成一个月零五天的游历。越往北走，越觉得越南像中国，从昨天开始，我不断被认作本地人，他们张嘴冲我说越南话，这倒没什么，谁叫广西人和越南人长得像呢？但有些人看到亚洲面孔，态度就不同，就像国内某些旅游区的人，让人觉得势利这个东西，在哪都一样。

街头的太阳刺眼，热风一直包裹着，音乐兀自唱着，我试图把心放慢下来。

早晨到达的时候人是多么地疲惫，无奈和忙乱。昨晚大巴上 Tylen 发生的事，最终连累我，Enrique 和她一起被人抛弃在街头，还好，最终我们还是找到各自的旅馆，安顿下来。

昨天一早，三位帅哥和我一起从会安搭汽车，中午 12 点到达顺化。在车站休息室，他们讨论接下来的行程：小 David 对越南战争感兴趣，想去参观著名的 DMZ—— 越战时期的中间地带遗址，这是他此行的主要目的。事实上，许多西方人向往到越南旅行，就是因为举世瞩目的越战。他们三人就时间、费用和参团问题，讨论得极其详细，我在一旁等着他们的决定，Jonathan 歉意地冲我笑道：你瞧，我们瑞士人就是这样，Talk，Talk，Talk，总是在开会。最后，大 David 们为了朋友，决定住下来多待一天。战争不是我的兴趣，于是我决定乘坐当晚的夜班车离开。

此时，不远处就坐着安静的 Enrique，在一群本地人中间，他唯一的西方脸孔是那么突出，他旁边一个巨大的旅行包，神情疲倦，一看就是走了不少日子的旅人。Jonathan 和他搭上话，原来他懂瑞士语，完全明白三人在说什么。搭讪中，我知道他也要搭乘今晚的夜班车前往河内，偷偷舒了口气，即使要和三位帅哥告别，漫漫长路中，又有了一位旅伴。

终于，我们决定出发去午餐，然后顺化皇城半日游。我们问 Enrique 去吗，他摇摇头，托付他帮我看着大背包，他说“好的”。

下午 5 点，我在顺化古城里和相处了几日的三位帅哥一一拥抱惜别，一个人回到了车站。Enrique 哪儿都没去，还坐在那儿看书，仿佛一个下午都没有动。看到 Enrique 的第一眼，我对他就有些兴趣，因为他是那种典型的走了很久的旅人，穿的衣服很旧了，有些脏，包也裂开了个大口子，一定有故事。我对不修边幅、特立独行的男生总有几分好感。

□ 号称“水上桂林”的夏龙湾

我们一起上了大巴，大约晚上 7 点 30， 我们的大巴停在了一个小站，意外地碰上了那个叫 Tylen 的女孩。她上了我们的车，虽然只有一面之缘，但再见我们都挺开心。可是上车不久，就发生了不愉快的事。不知怎么开始的，好像是 Tylen 要上厕所，司机不愿意停车。之后不久，她又和身边的本地男人吵起来，好像是被骚扰了，司机对她很不耐烦。好心的 Enrique 和她换了座位，让她来跟我坐才消停。到了河内街头，司机估计很烦 Tylen，没到终点就说到了，把我们三人扔大街上。无奈，我们也告了别，各自寻找自己的旅馆。

我在河内的咖啡馆写日记的时候，突然看到了 Enrique，和他重逢意外而惊喜，我们约好晚上在一家越南餐馆吃饭。晚上聊起来，对他才多一些了解。他小时候在瑞士生活过，所以懂瑞士语。现在在意大利他叔叔的一家贸易公司打工。叔叔做国际食品贸易，尤其酱料这一块，他们卖很多香港的酱料，所以，对李锦记等中国品牌很熟悉。他这一趟休假长达半年，之后还要去中国，我问他怎么玩，他的路线和很多背包客的经典路线相似：香港，广州，桂林，云南……我热情地邀请他，无论进出，经过广州时，可以联系我。

我们又聊起 Tylen 和班车上的风波，都觉得她有点过于敏感了。而且当时她与车里所有人为敌，如果没有我们俩，可能会吃大亏。这样独自旅行，可有些危险。

第二天我去游夏龙湾，他办签证，晚上回到旅馆没有联系。我和 Enrique 在此行中没有再见面。

两个月后，我在炎热的广州接待了 Enrique，那时他已经去过云南、广西，在返程途中了。我请他吃了顿饭，看到他背包的大口子仍然在，忍不住还帮他缝好了。我对 Enrique 的热情，纯粹属于一种背包客之间的惺惺相惜，我知道一个人周游世界，有时多么困难，如果当地人伸出援手，那一刻多么温暖。我自己旅行时，遇上过很多友好的当地人和旅伴，有时，不一定能回报到他们本人，但是，给予下一个有需要的人帮助，就当是善意的因果轮回吧。

自己待着的第三天，我上演了一部几乎“阴沟里翻船”的剧目，一直有点不太确信，写出来，算是个经验教训。

这是此行最后一天了，似乎只剩下些购物计划没有完成。早餐过后，格外轻松的我，在一个街心公园闲坐着。这时，有两个年轻人走近，跟我用中文打招呼：你好！然后我们聊起来，原来，他们是附近学校的大学生，学过一些中文，于是特别努力地和我练习。他们聊到孙悟空、还珠格格，每每我猜出他们试图表达的中文，他们都很开心。

聊一阵后，他们问我有何安排，我说“想买越南式咖啡壶”，他们说“附近就有批发市场啊，别在零售店买”。于是带着我穿小巷，来到批发市场。果然，应有尽有，比外面便宜多了，我把买礼物的事一一解决掉后，他们约我一起晚饭，我想了想说“OK”。约了晚上6点，在旅馆门口见。

傍晚，燥热了一天的河内，逐渐凉爽下来，我们打着车，到了其中一个男孩的同学家开的餐馆。餐馆人不多，看着小摊点菜，基本都是些小炒，和中餐很像。餐馆墙根有一溜大玻璃瓶，“你知道这是什么吗？”“不知道。”“你们中国的米酒啊！”“哦！”看来越南真的和中国各方面都像。“我们可以喝一点酒吗？”他们问。“你们喝吧，我喝可乐。”我说。

我们坐在二楼的阳台上，吃着小菜，吹着晚风，十分惬意。大概吃了一个多小时，决定买单回去。账单一上来，我看到其中一个男孩的脸色不太高兴，他叽叽咕咕地和老板说了一通，我问，怎么了？他很不好意思地把账单递给我，我一看，换算了一番，接近100美元的价格！

“啊，这么贵！”我惊道，“为什么？我们点的菜很家常啊！”

“对呀，”他说，“可他们说我的酒是蛤蚧酒，是比较贵的药酒，我们喝了好几杯，酒最贵，可问题是，我根本没带那么多钱啊！”

我的脑筋急速的转起来，会不会有问题啊？自我防范机制开启了，我迅速说：“真的没想到啊，但既然喝了，按我们之前说好的AA，每个人30美元，可我只带了20元美元，我全给你吧，剩下的只能回酒店取了。”

他迟疑着，说，“可是我们没有那么多钱啊！”他看看同伴，那家伙从口袋里掏出几张皱巴巴的纸币，也不够啊。他们继续和老板讨论着，我在一旁，心里有点焦急。

他再次回过头问我：“你真的没有钱了吗？”“真的。”我把小钱包翻给他看，确实只有20美元，我说，“回到酒店，我也得先向房东借，我明天就回去了，确实手上没钱了。你看，你们也跟老板商量商量，可否回家取去？”

最后，他把手表解下来，押在了老板那里，大概是说了回去取剩下的钱，老板就让我们离开了。上了出租车，我跟司机说了客栈名字，中途，他的朋友先下车了，说另搭公车回家，他则送我回到酒店。一路上，他都很沉默，我仍在忐忑之中，对他说：“真的不好意思啊，我确实没想到会这样。”

车子终于停在了我的客栈门口，我对司机说，等我一会儿。跑进客栈，跟老板说了情况，让他先帮我付出租车钱。老板非常仗义，出门和司机说了几句，付了车钱。那个小青年也没再问我要剩下的钱，跟着车子走了。

老板返回后，关心地问我没事吧？估计他感觉到我的紧张了。我说，还好，明天我刷卡把钱一起还您！他说没关系，我连声道谢。

这时候，我开始后怕了：这一出到底是真的意外，还是骗局啊？我把情况大致跟老板说了，他说："也有可能，那种酒是挺贵的，人回来了就好。"回到房间，我倒在床上，自责不已：还老江湖呢，差点阴沟里翻船！幸亏没喝酒，幸亏没多带现金，虽然 20 美元也远超我预算了（当时我住的客栈才 9 美元一晚），但遇到这样的意外，20 美元算什么？人安全回到就好了！好险啊，越想越疑惑，越想越后怕。

回国后，和朋友们说起这段插曲，大家也不敢肯定那两个小子设局骗我，就算是请人吃了顿大餐呗！他们安慰道。

后来我得出的经验教训是：旅途中，外来旅行者反而值得相信，遇到本地不熟悉的人，还是要有所防范。就因为这一路我遇上的都是美好的旅行者，我才放松了警惕。

第二天，我坐上了河内直达南宁的跨国大巴，上车时我还说着英文，突然听到熟悉的南宁普通话，心里居然一阵激动……这一路，7 个小时，经过著名的友谊关，回到了南宁——我的家乡。

后记：

柬越之旅的 2007 年，正是国人出境旅行热潮的开端，也是我第一次长时间境外旅行。那时国内的旅游业还未和国际接轨，许多观念和设施远远落后。十年后司空见惯的比如民宿、自驾、网络预订、私人定制等等玩法，国内都极少。

国外游，签证不太容易拿到，自助旅行的人不多，更别提独自旅行了。当时没有智能手机，Wi-Fi 和微博两年后才兴起，没法即时分享旅行心得，我一直用笔写日记。不像这些年，国外游成为特别容易的事，尤其有了定位后，走在世界的任何一个角落，都不会迷路。回望仅仅 13 年前的旅行方式，仿佛从上个世纪穿越而来。

所以旅行中未知的一切都让我新奇。尤其这条经典的路线，游走着许多欧美背包客，当时我还未去过欧美，所以，除了本地风土人情，与世界各地旅人的交流，成了意外收获，我就像集邮一样，"收集"着不同国籍的朋友。比如芽庄遇上那两个以色列女孩，直到十年后踏上耶路撒冷的土地，对她们仍记忆犹新。柬越之旅，仿佛向我开启了世界的大门，背包客的旅行精神激励着我。此后十年，没有停止过探索的脚步。

二

澳大利亚的犹太朋友

认识山姆 Sam 好几年了，直到 2016 年到澳大利亚游学三个月，我才意识到，Sam 是个犹太人。没意识到的原因：一是之前我不太了解犹太人的特点；二是 Sam 也不像传统的犹太人。传统的犹太人，对宗教十分虔诚，但 Sam 说，自打孩子出生，他就不再上教堂（犹太教称为会堂）了，他是个无神论者。

但他确实出身于正统的犹太家庭，父母生活在犹太人聚集的波兰，父亲从商，母亲是芭蕾舞演员，二战时备受迫害，战后移民澳大利亚。Sam 在澳大利亚出生成长，成家立业，除了血统，身上已没有太多欧洲的痕迹。他崇尚极简生活，加上之前在 IT 行业，永远是 T 恤牛仔裤，大剌剌的，比较美式。

墨尔本 Caufiled 区，居住着许多犹太中产家庭。Sam 从小在附近的犹太学校上学，所以，身边的好友，几乎都是犹太人。这里大多数家庭保持着犹太人的传统。比如，男孩满 13 岁了，要在会堂举行成人礼，亲朋好友盛装出席，男士们戴着犹太人标志的小圆帽（Kippur）等。对于犹太人，流传最广的是他们团结，很会做生意。有些特点颇像华人：孩子比较多，家庭观念重。在和 Sam 及他的朋友接触中，感受确实如此。

芭芭拉一家

芭芭拉 Barbara 一家，就是这样一个典型的犹太家庭。芭芭拉年纪较长，快 70 了，她的女儿 Ginny 和 Sam 是同学，Sam 年轻时父母就已经不在，所以他对芭芭拉就像对自己妈妈一样，常去帮忙照顾家人，多年下来，成习惯了。所以，我在墨尔本的时候，也跟他去过好几次。

第一次见芭芭拉，没想到她个子如此娇小，一头褐红色与灰色相间的头发，目光如炬。她一连串地问我："在墨尔本习惯吗？英语学得怎样？喜欢玩什么？ Sam 周末有带你四处转转吗？"真的像个妈妈。

要不是 Sam 事先跟我打了招呼，我可能会吓一跳，她的儿子 Steven，几年前在一场车祸中严重受伤，恢复后只能坐在轮椅里，而且脑部受损，丧失了语言能力，他听得懂我们说什么，就是无法接上话，只能用简单词语表达。见面后我和他行了亲吻礼，他就一直重复 beautiful，beautiful，冲我竖大拇。芭芭拉的先生 Victor，像个老顽童，因老年痴呆症时好时坏，手抖得厉害，甚少说话。他需严格控制饮食，可酷爱甜食，所以每次偷吃饼干时，就被芭芭拉一记打手。他十分幽默，当芭芭拉唠唠叨叨向我们诉苦时，他会突然冒出一句话："你最美，你是我见过最美的人！"芭芭拉扑哧一声，气也消了。

亲眼看到这一家子，方觉芭芭拉的不易，两个男人几乎都无法自理，但芭芭拉把他们照顾得整洁而有尊严。令人称奇的是，上帝为 Steven 关上了门，却打开了另一扇窗。受伤后，他的另一项天赋出现了，他开始画画，家里挂着颇具波普风格的画作，都是他的作品。他的创作得到了墨尔本艺术馆的赏识，所以常常被邀请去参展，而且影响了外甥对于绘画的兴趣。他找到生活的支点固然可喜，但是芭芭拉在照顾两个病人的生活之外，又多了一项任务，像个经纪人一样，打理儿子新的事业。她的听力有问题，助听器坏了，Sam 想给她配一个新的，但必须她到场测试度数，她却找无数个理由推脱，一直没去。

好在芭芭拉女儿，也就是 Ginny 一家，住在步行不过 5 分钟的另一栋房子里，就像国内住同一小区的家人一样，方便互相照应。Ginny 的先生安德鲁是个发型师，Sam 御用，但每次他剪发后，我就打消了找安德鲁做头发的念头。他们有一儿一女，跟 Sam 的孩子一般大。女儿 Tali21 岁，皮肤白皙，头发略偏红色，盘扎在头顶上，像个 16 岁的小姑娘。她在给人做保姆，特别懂事，每天晚饭后都过来看外公外婆，这也颠覆了我对西方女孩的印象。她是个电影迷，聊起电影如数家珍，我特别喜欢听她讲故事，很有画面感。就像小时候表姐形容我："你看芸妹说话，咻的一声，自带动作和配音。"

她亲吻外公时，不是一下，是一直，非常爱恋地长久地拥抱和亲吻。所以，当她津津有味地讲故事，大家都目不转睛看着她时，一直不说话的外公，会突然大声宣布："Tali，我最爱你了。" Tali 头也不回："外公，我也最爱你！"

而芭芭拉，这时做出吃醋的样子，Tali 只好过来抱抱她安慰一下。我们曾两次在她家用晚餐，芭芭拉简直跟我爸一个风格，永远担心客人吃不饱，菜一个一个上，自己根本不吃。第一次去做客，前菜摆了一桌子：沙拉、豆类、寿司。我以为这就是全部了，等我快要吃饱了，她收掉前菜，开始上主食：烤肉，番茄焗豆，甜品……我看向 Sam，他无奈地一摊手："跟她说别准备什么，根本没用啊！"

在我离开墨尔本准备回国那周，正好芭芭拉生日，我居然也被邀请了。那天正好一个人逛商场，考虑买什么礼物时，我想：如果老妈过生日，我会买啥呢？最后，找到一款雅致的手霜和护肤霜礼盒。

待我们到达定好的希腊餐馆时，发现根本没其他客人，纯粹家人聚会。我知道这是因为Sam的关系，心里很感激。好在和他们一家三代人都见过，大家说笑，并不拘谨。我仔细观察芭芭拉、Ginny 和 Tali，这祖孙母女三人，头发都是红褐色，眼睛颜色很浅，据说犹太人有红发基因，她们应该是典型的犹太混血后裔。Sam 告诉我，犹太人的血缘关系跟母亲，如果母亲是犹太人，孩子就算是。比如 Tali 的父亲安德鲁不是犹太人，可是 Tali 随母亲，就算。这倒有点像云南泸沽湖摩梭人的"母系氏族"传统，看到芭芭拉在家里的雷厉风行，也颇有摩梭"祖母"的风范呢。

芭芭拉的女婿、Ginny 的丈夫安德鲁，是个典型的 Aussie(澳大利亚本土人)，嗓门大，总拿芭芭拉开玩笑，典型没正经的中年男人。他问芭芭拉："谁是你最爱的女婿啊？"芭芭拉坐得远，耳朵不好使，问："你说什么？！"他就岔开话题，然后恨恨地说："Sam 才是芭芭拉最爱的女婿。"有时连他女儿 Tali 都看不过去了，一个劲给他使眼色，意思是，外人在这呢！然后父女俩就拌嘴，假装生气。

聚会尾声，两个孙辈从餐馆的后厨端出生日蛋糕，虽然大家都知道会有这“惊喜”，气氛还是瞬间达到了高潮，一起唱起生日歌。这让我想起自己兄妹给父母制造惊喜的情形，可是，我有多久没给爸妈过生日了？这一大家子，让我想家了！芭芭拉在大家的歌声中笑着许愿，切蛋糕，她今天戴了项链，涂了口红，从忙碌灰暗的家庭主妇，变成了美丽的老太太。真心希望她健康，有更多从容的时间，享受祖孙三代幸福的时光。

□ Caufiled 区街心公园

拉丁热情与犹太温情的相遇

Sam 工作中的搭档兼好友 Eduardo，从南美委内瑞拉移民到澳大利亚，已有 6 年。他并不是 Sam 从小到大的伙伴，但因为工作默契，两人成为好友。两年前我来墨尔本玩时，大家已比较熟悉。Eduardo 和我同龄，他的太太 Jessica 是全职主妇，在家带着三个孩子。据说来澳大利亚前，Eduardo 在委内瑞拉是高级白领，生活优渥，家里两个保姆。要不是这个国家局势一直混乱，他们也不会移民。

Eduardo 在委内瑞拉工作时，曾到过中国出差，在广东佛山等地为公司采购原料。记得他曾玩笑说："佛山的厕所永生难忘。就是那种，一长条便池，每间只有矮墙相隔，没有独立冲水，彼此可以相望的厕所。隔一阵，第一间顶上的冲水桶，哗的一声，水泻下来，把所有粪便冲走，哈哈哈！"Eduardo 虽然没有恶意，但我尴尬之下，心里不服："切，你一南美小国，好意思笑话我们！"可是去年回到南宁，在这一自治区之首府的市中心，仍然发现这样的公厕存在，我也只能脑门千条线了……后来到南美旅行，发现一些小国，在卫生方面也比想象中要干净。我们的卫生习惯，确实还需要大大改进。

当然，Eduardo 只是开玩笑，可能没意识到我的敏感，其实他人特别热情和诚恳。我刚到墨尔本，他就发出邀请，让我到家里做客。但前面两周我和 Jessica 都感冒了，一拖再拖。终于，定下了一个周五的晚上。

之前到过他们家做客。像中国近年移民海外的金领们，他们到达澳大利亚后，也马上买了一栋房子。房子有宽敞的后花园，偌大的游泳池。他们家三个孩子都不大，大女儿 12 岁，瘦高个儿，很漂亮，正在学习芭蕾，今年暑假将随学校到韩国表演；小女儿 6 ～ 7 岁，聪明伶俐，最讨人喜欢；老二是个男孩，很可惜，患了一种奇怪的病，导致身体发育受限，10 岁了只有 7 ～ 8 岁孩子的身高。

周五晚家庭聚会是犹太人的传统，这天是典型的家宴。Eduardo 的父母，妹妹妹夫一家包括他们的两个孩子都来了。他们都是继 Eduardo 在澳大利亚站稳脚跟后，一起移民来的。老爷子身板硬朗，仍在开 Uber 出租，补贴家用。Sam 对他很尊重，像对自己父亲一样，所以他也把 Sam 当成自家成员。餐前大家喝着红酒，大人高声谈笑，五个孩子追逐打闹。

我一直猜想，Eduardo 从南美来，他们一家应是热情奔放的拉丁性格。果然，他们很热情，他们的食物也热辣。Jessica 曾经送给我们一瓶“世界上最辣”的辣椒酱，用墨西哥辣椒做的。今天的主菜，是一大锅香辣的咖喱炖牛肉，据说炖了一下午，还专为吃素的 Sam 准备了一小锅只有蔬菜的，主食是米饭和饼。Sam 尝了尝，“啧啧”赞叹，闻着香味儿，大家都馋了。

晚餐正式开始了，Eduardo 对我说：“不好意思，Cathy，我们得履行一个家庭聚会的小仪式。”我正疑惑间，只见他们拿出犹太人的小圆帽，男人们全都戴上，正在打闹的小朋友们，被一一揪回站好，保持安静。一家之主的 Eduardo，拿出一套精美的银色酒具，给银制酒杯斟上红酒，然后，手按祈祷文（Siddur），开始了犹太人的餐前祈祷。只见他吟诵了一段诗文，然后把酒杯贴近嘴唇，喝了一口红酒，传递给下一个人，下一个人也象征性地喝了一点，然后再传，到我手边，我也礼貌地抿了一小口……

酒杯传递回 Eduardo，礼毕。“好好享受晚餐！”主人宣布。小朋友们欢呼雀跃，恢复平常人家的晚餐，有说有笑。通常跟我说英语，Eduardo 都会贴心地放慢语速。他问我：

□ Eduardo 的家庭聚会

□ 英语班的南美同学

□ 世界上最辣的辣椒

“Cathy，在英语学校最大的收获是什么？”我装作想了一下，说：

“交了一群南美洲的朋友(因为班上多为南美同学)！”这一家子南美人都笑了。他又问：

“学习进展如何？”我说：

“应付澳大利亚人还是不行啊！”大家又笑了，因为他们感同身受。

Eduardo 的妹妹安慰我道：“别着急，我来澳大利亚这么多年了，还是不能完全听懂同事的澳式英语，我们都不是土生土长的，别担心，慢慢地说！”

犹太人，南美洲，澳大利亚，看着这热情好客的一家人，不由得有点感慨：身为犹太人，他们的祖先不知什么时代，跟随什么潮流，流到异乡，在遥远的南美生根。现在，又迁徙到新的国度。他们的性格里，融合了拉美的热情和犹太的温情。老一辈人的英语仍带着西班牙口音，小朋友们则已经很地道。可是，不管离故土多远，时间多长，今天，他们仍然不忘祖训，保持着犹太人的习俗，虽然不知还能保持多久。这点和我们华人很像呢。

年轻的朋友们

Sam 喜欢和不同年龄层的人交朋友，上一代如芭芭拉，下一代比如 Tal 和 George 这对年轻人，都能平等相处。Tal 已在墨尔本生活多年，正在攻读艺术博士。男朋友 George 刚到墨尔本与她团聚，准备在此发展事业。George 是个音乐制作人，组着乐队。据说墨尔本和柏林，是玩音乐和艺术的年轻人最向往的两个城市，所以能感觉到他们非常享受在这里的生活。

Tal 是 Sam 老朋友的孩子，除了 Tal，她的弟弟 Daniel，一个正在学习日本料理的小伙子，也在墨尔本发展，父母和大哥则住在老家黄金海岸，他们一家也是犹太人。所以，Sam 待他们就像自己的孩子，但他从来不把自己当长辈，大家总在一起玩。Sam 和 Tal 关系尤其好，这对“忘年交”无话不谈：人生，爱情，社会……两人都是环保主义者，都吃素，关心社会，参与公众活动，价值观非常相近。

今年，Tal 一直忙碌于她的博士毕业作品创作。她的作品采用刺绣（缝纫机缝制）的方式，把一些人物肖像，缝在布料上。刚开始，主要是家人和朋友的头像，渐渐的，涉及一定的主题。她把澳大利亚总理 Malcolm Turnbull（网上戏称“马卡龙糖宝”）的头像绣在了画布上，并向好友们征集对他的寄语。包括 Sam 在内，朋友们贡献了数十条“谏言”，她一一绣在作品上，寄给了总理。没想到，总理办公室很快回复说，已收到作品，总理会好好珍藏。

Tal 很忙，除了完成毕业作品，她还给一家公益组织（NGO）成员做领导力培训。我对她的工作一直很感兴趣。终于有一天，我们约了一起吃饭。我问她，怎么想起用刺绣作为她的艺术载体？她说，一切起源于她奶奶，她是个画家。她把奶奶的照片拿给我看，老太太打扮时髦，气度不凡，看来 Tal 遗传了祖母的艺术气质！她给我展示另一幅作品，一幅中国明代青花瓷花瓶的油画。哦，难怪我在 Tal 的作品里，感受到中国风，原来她确实对中国艺术有研究。我和她聊起大理的蜡染，贵州的银器，给她看大理朋友用甲马艺术设计的产品，她感叹道：“将来一定要去中国！可惜啊，现在还没钱。”贫穷，似乎总是和艺术家如影随形。

□ 正在工作的 Tal

□ Sam 和他的爱犬 Karma

我回国后的某一天，在 facebook 上看到照片，Tal 即将开作品展览会了！布展那天，她的父亲从黄金海岸赶到墨尔本，Sam 和几个好友也前去帮忙。对一个年轻的艺术家来说，走到今天真不容易，多希望我能到现场给她捧场！

Sam 有三个儿子，基本和 Tal 兄妹同龄。老大 Matt 大学选修了音乐，但没读多久就放弃了，现在和朋友一起玩乐队，做 DJ，靠天赋和兴趣做着音乐。老二 Zak，边读大学边打工，在糖果连锁店工作。他长得很帅，是个热情的暖男。他曾经用自己打工的钱，和同学到印度南部旅行了半个月，也去过日本，是个小环球旅行爱好者。老三 Mac 呢，高中刚毕业，正在以色列 Gap Year（间隔年）——用一年时间在部队里锻炼，体验犹太人母国的文化。最近发回一张军训中的照片，剃光了头，仿佛一夜间成了男子汉。确实，Mac 完成军训时，在网上申请到一份在加勒比海国际邮轮上的工作，他毫不犹豫再次离家远行，从最小最被宠爱的孩子，快速成长为独立面对世界的成人。

我到墨尔本后，经常玩在一起的，就是这一大帮子年轻人。我们常去一家叫 Astor 的怀旧老剧院看电影，赶市集，听音乐会，然后吃墨西哥或尼泊尔菜……我最喜欢墨尔本的周末市集，大周六睡个懒觉，开车到集市上，许多 food truck（流动餐车）的食物都很美味，席地而坐，阳光下吃个早午餐，集市里不仅能买到新鲜有机的蔬果，还能买到手工制作的工艺品，甚至有 NGO（民间组织）流浪狗的领养。集市上买回一堆原材料，就在家里弄吃的，老大 Matt 在 Sam 的影响下，开始吃素，两人一起研究素食菜谱，做好一大桌，大家边吃边聊，度过休闲的下午。跟他们在一起，仿佛我也只有 25 岁。

这群年轻人，给我一种和国内孩子不太一样的感觉。他们没有职业上的高低贵贱之分，不是说艺术家和厨师、保姆就互不往来。他们也不太有急功近利的想法，凑在一起时，几乎没人会聊房子和股票，升职或加薪。聊不完的，总是运动、电影、音乐、美食、时事……他们热衷讨论社会话题，时值美国大选，年轻人对割裂全球化，只顾美国利益的特朗普诸多批评，强烈反对他上台。从他们的身上，我看到大多数墨尔本年轻一代的样子：努力，自立，充满朝气。

□ 周末市集

这固然是澳大利亚的经济社会环境相对宽松的原因，比如，进出大学的相对自由，他们可以选择不必高中一毕业就上大学，即使读了两年退出，也可以重新申请。但是更主要的原因，是 Sam 的价值观和生活方式，潜移默化地影响着他的孩子和其他年轻人。比如，对金钱的淡然，对朋友的关怀，和对宗教的审视。虽然我不能完全接受他把物质欲望降到最低的“极简生活方式”，却非常欣赏他的无私和社会责任感。2015 年底，“难民潮”在欧美世界涌起，Sam 跟我说，他打算把家里多余的那间房腾出来，接收难民。这简直太不可思议了！从他身上，我居然看到了“活雷锋”的影子。为督促政府为“地球变暖”作出改变，他和 Tal 经常参加周末环保集会，给我发来快乐地走在游行队伍里的照片，他身体力行地影响着孩子们的观念与行为。

临行前两周，好些 Sam 的朋友约我们吃饭。包括邻居见了我，都认真地问：“什么时候走呀？什么时候再来？”我问 Sam：“怎么邻居们都知道我要走了？”“我说的呀！”他大大咧咧地说，没觉得昭告天下有什么不妥。相比之下，我则太小心谨慎了。我接触到的大多数澳大利亚人就是这样：真诚，开放，毫不设防。

所以我有点疑惑：这和他们是犹太人有关，还是因为澳大利亚这片土地的关系呢？好像都有。一个好的环境，能像大熔炉，把大家打造成相似的群体。能确信的是：对家人的爱，朋友间的互助以及对传统的尊重，绝对和犹太血统有关。对犹太民族和文化，我更有兴趣了。也许，即将到来的以色列之行，会给我解开更多谜团吧。

临走前晚，Sam 的好朋友 Ricky 和 Sue，美好浪漫的一对夫妻，赶到家里话别。他们送了我一张卡片，上面画着澳大利亚地图，中央写了我的名字。朋友们的热情，温暖了我整个澳大利亚之旅。

三

跃出纸面的耶路撒冷

放下厚厚的《5000年犹太文明史》，布置给自己的任务，终于在出发前完成了。这本书除了介绍犹太人漫长的历史，宗教的影响力，也提到很多风俗物品和节日，当然没法一一记住，但后来在旅途中遇见时，却不时地唤起阅读的记忆。由于这本书，我终于不再毫无底气地就去一个历史文化如此深厚的地方旅行了。

初抵特拉维夫

国庆假期的某一天，新闻正在报道以色列犹太历的新年，相当于中国的农历春节。我发微信给 Sam：我们错过什么精彩了吗？他回：没关系，新年不好玩，我们会遇上另一个更隆重的节日 Yom Kippur。哦，这是个什么节？我查了查字典，Yom Kippur 赎罪日，没概念，转眼就忘了。“十月是犹太人节日扎堆的月份，我们会碰上无数节日的。”Sam 对即将出发的我说。

飞机抵达时已是晚上，先行到达的 Sam 和他在特拉维夫的朋友 Ruth 来接我。这次，我们要住在 Ruth 家，这让我有点儿不太习惯，但之前 Sam 再三问过 Ruth，不会不方便吗？她都干脆地回答，没问题！Ruth 和 Sam 多年前相识于尼泊尔的旅行中，十几天的徒步，结下了深厚的革命友谊，但如此敞开家门和怀抱，她无疑是个随性大方的人。

离市中心 20 分钟车程的东郊，Ruth 家坐落在一栋三层小楼的顶层，阳台可以看到特拉维夫市区的灯火。公寓虽然不大，三间房，但只有她和女儿住在这里，足够舒适了。她是一名公关经理，和朋友合伙经营一家公司，强生公司（J&J）是她最大的客户。她和我的工作性质很像，在家办公，所以相对自由。就这样，我们在以色列有了一个临时的家。接下来 20 天的旅程中，我们以特拉维夫为基地，向外辐射旅行，然后再回到这个温暖的小家。

女儿 Gil19 岁，是典型的以色列漂亮姑娘，高鼻梁大眼睛。她正在军营服役，前阵子腿摔伤了，请假在家。我一听好奇心就上来了，因为以色列是唯一全民服役的国家，包括女孩子，所以，和荷枪实弹的年轻士兵，尤其女兵合影，成了许多人到以色列旅行的招牌动作。而我身边，居然就有一个这样的姑娘。Gil 英文不错，但和 Ruth 一样，母女俩常常想不起某个单词，呃老半天，最后干脆用希伯来语代替，特别可爱。在她们的生活中，也从来没和一个“只在传说中”的中

国人如此接近过，所以我们对彼此都很好奇。初来，大家还有陌生感，第二天一早，Ruth 为我们做早餐，我很不好意思，说了几句客套话。她说：“Cathy，你别客气，我高兴给你们做早餐，如果不想做，我不会勉强的。”我对她的性格，算是有所领教。

第二天待在特拉维夫，Ruth 给了很多游览建议，于是，一天之内我们就把市区沿海一线逛完了。晚上，她和 Sam 开始叽里呱啦讨论我们耶路撒冷的行程，原来，明天（10 月 11 日）就是 Yom Kippur（赎罪日）了，说起这个节日，Ruth 和 Sam 的表情神秘而特别，“在赎罪日，犹太人不能吃饭不能喝水，什么都不能做。”“到时商店关门，餐馆不开，街上没有车和人，那种安静……”

Ruth 和 Sam 都是犹太人。我想，中国人对犹太人这个词很熟悉，但细究起来，却对犹太教，犹太人和以色列的关系搞不清，做个小扫盲。

正如华人这个叫法，犹太人是一个种族的称呼。说起来，犹太人没有中国人那么幸运，有一片相对安定的土地供他们栖息繁衍。千百年来，他们都散居在世界各地，而且不断被迫迁徙。后来，发生了众所周知的二战犹太人大屠杀事件，他们决定回到主 —— 上帝的“应许之地”，巴勒斯

□ Ruth 母女和我

坦这片土地，建设一个属于犹太人自己的国家，这就是以色列。犹太人信仰的宗教叫犹太教，是基督教和伊斯兰教的起源宗教，但由于历史的演变，同信上帝的犹太教和基督教已花开两朵，二者也有过黑暗的历史……总之，犹太教是犹太人的母教，就像印度教之于印度人一样。但是，今天的犹太人也和我们一样，接受现代教育，所以，他们中间也分虔诚的宗教信仰者、一般的宗教信仰者和根本不信教的普通犹太人。

Ruth 和 Sam 就是最后一类。Ruth 小时候跟随父母从也门移民到以色列，所以她有海边人小麦般的肤色。而 Sam 的父母，生于长于犹太人最多的波兰，二战期间他们经历了众所周知的苦难，战后移民澳大利亚，在那里重新扎根。从 Sam 开始，就是土生土长的澳大利亚人了。我在墨尔本游学的 3 个月里，对犹太文化产生了浓厚的兴趣，正巧 Sam 的小儿子 Mac 高中毕业，计划前往以色列参加 8 个月的训练。住在世界各地的犹太人，为了让孩子们传承犹太文化，每年都借由这样的训练营，让孩子回到以色列学习，锻炼和体验生活。最近 Sam 计划去探望他，于是我搭上了顺风车，跟随地道的犹太人，游览以色列。以他们的视角看他们的母国，一定很有意义。

有趣的是，虽然 Ruth 和 Sam 是地道的犹太人，但他们都受现代教育长大，共同的特点就是不信教。每次提起严格的清规戒律，总以玩笑的口吻道："不能开灯，不能动刀，不能用电器……这合理吗？合逻辑吗？"听起来，这有点像我们过年的那些"禁忌"：什么大年初一不能扫地，不能洗头之类的。"不合理的东西，为什么要相信它呢？"不过说到赎罪节，他俩却异口同声："值得一去，值得好好感受！"我狐疑地看着这俩人，好奇心被撩拨得高涨。

节日的开始

第二天，担心我在节日挨饿的Ruth做了意面，烤了蛋糕，塞进我和Sam租来的小车里。小车带我们踏上前往耶路撒冷之途。之前做计划，我老担心20天不够，如何分配在各地的旅行时间。Sam笑我："Cathy，整个以色列，可能只有北京那么大，从西海岸的特拉维夫到东边的耶路撒冷，只有40分钟车程，完全可以当天来回！20天足以把以色列游个遍了。"

真正行驶在这个国家，才发现它确实不大。尤其东西走向，比较窄，形状有点像中国台湾。最大的城市——特拉维夫，依偎在地中海的温暖怀抱中，是座时尚、现代的宁静之都。而耶路撒冷，坐落在犹大山地的高原，传统神秘而引人遐想。一路向东，光秃枯黄的山一座连着一座，多是岩石和干涸的河床。简直无法想象，这个国家当年是怎么在如此贫瘠的土地上建造起来的？

就这样，一路向东，我们奔向这个在地图上、脑海里、众生口里吟诵过千遍的圣地：耶路撒冷。

到达酒店时已过中午，赎罪节将从今晚日落之时正式开始，到明天日落之后结束，整整一天。酒店在市中心，安顿好，看到街对面的小餐馆还开着门，我们赶紧去吃了一个Falafel（卷饼），还没吃完呢，店家已开始收拾桌椅，放卷帘门了，乒乒乓乓，感觉像国内除夕的下午，大家都奔向回家的路。街道逐渐冷清下来。糟糕的是我们订的酒店不是原先设想的公寓，不能热饭热菜，Ruth为我们准备的意面无用武之地了。好在楼下小超市里，居然让我发现了方便面，赶紧买了一包备着。

这时，Sam说："吃过午餐，我也不再吃喝了，开始禁食。"我惊讶道："你不是不信教吗？"他说："这是传统，每年都一样。既然今天来到了耶路撒冷，一定要和所有人一起度过这个重要的节日。"

赎罪日来源于《圣经旧约》，是上帝要犹太人承认自己犯有罪过，并对此表示忏悔的日子。赎罪日也是犹太人每年最神圣的日子， 他们以完全停止工作和禁食，全心全意祷告来度过这重要的一天。

Sam 的儿子 Mac 和训练营的老师同学们，已早几天到达了耶路撒冷。我们约好下午 5 点半，在耶路撒冷古城的西墙广场碰面。西墙 West Wall，中国人翻译成哭墙，是个让人心里一震的名字。它是犹太人的信仰圣地，每一天都有来自世界各地的人，在哭墙前祈祷……而在赎罪日，哭墙是犹太人最重要的聚集地，一整天，虔诚的教徒不吃不喝，在哭墙下忏悔、诵经、祈祷，是他们唯一做的事情。

傍晚，从酒店出发。街道上果然全没有了人影和车辆，店铺全都关闭，一片死寂，只有几只猫，在大街上从容地溜达。偶尔几个行人，和我们一样，朝古城走去。

远远地，耶路撒冷古城的楼顶隐约浮现，离它越近，我心跳越快。大约 20 分钟，我们走到了古城边。城门前荷枪实弹的士兵三三两两站着，更增加了气氛的紧张。了解历史的人也许就能理解我的感受。耶路撒冷古城是伊斯兰、基督教及犹太教三大教派共同的圣地。古城分为四个区，居住着不同种族的人，除了犹太人、阿拉伯人、基督徒外，亚美尼亚人也占了一角。从古至今，这片土地就没消停过，居民们也没和谐过，战争打到 1967 年，这几十年里，每一次国际形势变化，都会在此引起危机的涟漪。

□ 赎罪节的街道

□ 赎罪节的街道

进入古城后，我们随着人流，穿行在小巷中，小巷两边居然还有店铺开门，原来，这些都是阿拉伯人的商店，他们信奉伊斯兰教，并不过赎罪节。Sam 玩笑道：“原来还是有吃的呀！我怎么忘了，阿拉伯人今天是可以吃饭的呢。”

玩笑并不能缓解我的紧张，因为，和犹太人一直有矛盾的不就是阿拉伯人吗？这么多年来，不就是他们之间冲突不断，擦枪走火的吗？而耶路撒冷古城，就是冲突的最中心。我们经过一个一个小商铺，阿拉伯人坐在门口，面无表情地扫视着行人。这时，迎面走来的一个穿白色长袍的人，突然，他撩开袍子，掏出一把长枪……

没有啦，那一切都是我的幻想。《007》《比利林恩的中场战事》等片子里，不都有类似空气紧张到要爆炸的场景吗？完全可以用来形容我这几分钟的心情。

事实证明我第一天的担心多么可笑！当旅行快结束，我们重返耶路撒冷时，我和这些阿拉伯大叔大哥们几乎打成一片，讨价还价，嬉皮笑脸，买了很多今天匆匆错过的好东西。但这是后话了。

穿过长长的小巷，终于来到西墙广场的入口，排着长龙等待安检的，多是西方旅行团，看到金发白肤的“纯正”老外，我松了口气。每个人都需要扫描随身物品，说明安全还是第一的。

入口在高处，进去一眼便能俯视整个广场，广场上人影闪动，熙熙攘攘，和新城里的安静形成巨大反差！下楼梯，走进广场，中间横着一道护栏，要踮起脚才能看到西墙里面祈祷的人。很多游客，只在这里远远观望。

不远万里而来，我肯定要触摸到神圣的西墙。西墙前祈祷的人们，是每一个摄影爱好者都希望拍摄的吧？可是，入口处，一个男子拦住了我的去路：“女士请那边！”他的手示意广场的另一边。哦，原来男女祈祷者是分开的！好尴尬，我赶紧转身离开，好在天色将暗，没人注意到我。旁边匆匆而过的男人们，在入口处洗了手，戴上 Kipur—— 犹太人标志性的小白帽，进入祈祷区。

广场的另一面，女士祈祷区要小些，人也少些。嗡嗡的吟诵声，此起彼伏，广场上散放着白色塑料椅，我找了个位置，坐下来，静静地观察。有些穿着白色长袍的女子，坐在挨着男士区的围墙下，手拿着书，应该是犹太祈祷文读着；有三四个女孩子，围坐一圈，低头吟诵诗文；还有一些人，则径直走到哭墙边，用手按在墙上，闭上眼睛，开始祈祷。我慢慢走近她们，墙上有很多缝隙，塞满了小纸条，据说把心愿写在纸上，塞入墙缝，愿望便能实现。在祈祷者的身边，偶尔能听到轻轻的啜泣声。

□ 严格的安检

□ 哭墙祈祷

□ 进入哭墙前先净手

□ 哭墙祈愿

□ 塞许愿纸

我细细打量这传说中的圣墙，轻轻地抚摸。高高的城墙，经过岁月的侵蚀，呈现出特有的坑坑洼洼，但因众人的触摸，外表光滑。更高处，有些地方剥落了，其中一个缝隙，长出一簇蓝绿色叶子的植物，几只鸟在墙缝中，建起了它们的家，在黄昏中不断地飞进飞出……

我举起相机，拍小桌上的书，远远拍额头靠在墙上的人，拍默默吟诵的老人……可是，突然，有一位妇女走向我，做了一个不要拍照的手势。我又一次感到不好意思，马上把相机收了。

我退出祈祷区，和 Sam 他们会合，除了 Mac，同行的还有他的三个小伙伴。我们开心地拥抱，Mac 长高了，也胖了，我说，是不是以色列的东西好吃啊！他笑道，不能说吃的，我们已经开始禁食了。原来，连他们也一起禁食！

□ Mac 和他的小伙伴

□ 世界各地的犹太人

我们在广场上席地而坐，小伙伴们见到亲人了，争先恐后地述说这几个月的经历和趣闻。他们列举着赎罪日的“诸事不宜”，比如：什么都不能干，包括塞许愿纸，今天也不允许。“那么拍照呢？”我想起刚才那位妇女，问道，“她们是不是不喜欢被人拍？”

“那倒不是，平时拍照没问题的，只是今天不允许，明天就可以了！”

“哦，我还担心对她们不尊重呢！”

“还有那些装束不一样的犹太人，我一直不明白，比如，脸颊边留着两条发须的，戴着黑色礼帽的犹太人，和那边走来的穿着白色披风，披风下一缕缕棉絮的，有什么不同？”

“哦，那是来自不同国家的犹太人。看到那个椭圆大檐帽了吗？那是俄罗斯犹太人；那个戴黑色小礼帽的，应该是从德国来的，这些人，都是比较严格的宗教徒。”他们纷纷给我扫盲。看到一个持枪的穿平民服装的犹太小伙子，Mac 的同学说，刚来时，他特别不能理解，为什么下岗了，他们还提着枪？他们枪的款式很多，进军营训练四个月，才勉强搞清各种型号用法。后来，慢慢习惯了他们到哪儿都提着枪，“以色列人真的太多敌人和灾难了！”他感叹，“他们有时时警惕的必要。”

小伙伴的热情，把赎罪日的严肃和沉重打破了。晚风吹拂，我们就像在世界上任何一个普通的角落，纳凉，聊天，感觉不到置身于宗教圣地。

基督圣墓堂

昨晚，四个年轻人带我们从另一个出口离开西墙广场。穿过犹太人生活区，经过一个很大的犹太会堂（Synagogues，犹太人做祷告的地方），里面传来众人的吟诵声。我们分别进入男女祈祷区，我按指示上了2楼，只见女人们一个个坐在窗户边，往里瞧着，找不到其他入口，难道她们没有自己的祈祷室吗？我绕了一圈出来，一群孩子在边上打闹。犹太人的孩子真多啊，有些明显是兄弟几个，大大小小的都穿着白色礼服，戴着小白帽Kippur，高鼻子，蓝眼睛，特别漂亮。

我们经过了著名的基督圣地——圣墓堂，当时快关门了，所以我们打算今天白天参观基督教在耶路撒冷古城的景点，晚上再回到西墙，参加赎罪日结束仪式。

早上出发，新城的大街上仍空无一人，偶尔一辆警车，缓缓开过街道。寥落的行人，多是前往古城祈祷的，身穿犹太教服装，手持经文，身后跟着一两个孩子。我们完全可以走在街道正中间，享受没有声音、没有障碍的空阔寂静。

查了资料，昨天进的城门叫大马士革门，是阿拉伯人聚集区。耶路撒冷古城共有8道门：大马士革、雅法门、锡安门、希律王门……在几千年的历史中，都是赫然响亮的名字，昨晚出城和今日进城的雅法门，似乎才是正门，游客和旅行团多从这里进入。在信息中心了解到，古城的城楼漫步、地道探索等旅行路线，因为今天赎罪日，一律不开放，所以只能自己逛。

一进雅法门的右手边，是宏伟的大卫塔，据说在塔顶鸟瞰全城，比城墙视野更好，可惜今天也不开放。于是我们沿着城墙内的大路向古城深处走去。在东边的城墙中，又一个城门出现了，门很小，没什么车辆行人，地面上一小块一小块的石头小砖，已被岁月磨得光滑明亮，让人想起爱丁堡的路面。我查了地图，啊！原来这里就是著名的Zion(锡安门)。

锡安门，因为与锡安山对望而得名，先知大卫王，就葬在锡安山上。以前流散在世界各地的犹太人，每每念起锡安山就会想到耶路撒冷，所以，锡安就成了耶路撒冷的代名词，出现在无数的诗歌篇章里。

沿着墙内道路前行，看到不少开门的商铺，似乎走到了古城中心。按昨晚的记忆，应该离圣墓堂不远了，但是绕了半天，就是找不到昨晚到过的圣墓堂，也看不到标记。渐渐地，我们迷失在充满着阿拉伯人小摊儿的巷子里，跟着人流无目的地游动。突然，昨晚进城的大马士革门出现在面前，原来，我们已横穿了整座古城！

天气炎热，我们泄气地跌坐在城门外的石椅上，决定歇会儿。

大马士革门外的小广场上，响起了音乐声。三个卖艺的年轻人，一个男孩弹吉他，一个吹笛，女孩唱起歌来，歌声婉转，渐渐吸引了路人围观。有几个人，像是环保或其他组织的人，手擎着旗帜，随着音乐挥舞，其中一位看上去像是华人。音乐完毕，她和年轻人聊起来，居然说中文，弹吉他的男孩也是华人！看来耶路撒冷，真是吸引着各路“神仙”啊。

打量着熙熙攘攘的行人，似乎只有热腾腾的生活，昨天初到时的陌生感和恐惧感渐渐消失了……

Sam 神情有些疲惫，我问：

“你感觉怎么样，饿吗？”

“不饿，就是有点渴。”

“喝点儿水吧？”

“不能喝。”他很坚决。

“真的一点水都不能喝呀？”我觉得不可思议。

休息了好一会儿，我们决定再进古城，一定要找到圣墓堂。时近中午，好多旅行团进城，小巷都被堵住了。Sam 灵机一动，拉着我，跟在一个西方旅游团后，先是蹭解说，然后，团员们上了城墙，我们也不远不近地跟着。城墙上耸立着大大小小教堂的圆顶和钟楼，完全是另一番景象。导游讲解着，我们断定他们就是去圣墓堂的，突然，钻地道一样，他们从一个小小的窄门进入了一间小黑屋，似乎是个教堂的顶部，沿着昏暗的楼道，跟着队伍，转了好几圈，下到地面。眼前豁然开朗，我们已站在了圣墓教堂的院子里！真是踏破铁鞋无觅处，得来全不费工夫啊！我们相视一笑。

后来看指南才知道，团队游客在耶路撒冷古城的游览，一般都有固定路线。尤其基督徒团体，他们一般都从北边的狮门开始，途经 14 个有关耶稣神圣故事的景点，这条路线俗称“苦路”（Via Dolorosa）。每周五，都有虔诚的基督徒重走苦路，感受当年耶稣从被审判到被钉十字架，再到复活的整个过程和痛苦。我想，如果不是跟着 Sam，一个犹太人来到耶路撒冷，比如，同伴是个基督徒，我的游览重点和体验都完全不一样吧。

□ 圣墓堂中祈祷者

不管怎么说，圣墓堂即使作为旅游点，也不比西墙在耶路撒冷古城的地位低。一进圣墓堂大门，正对着的就是著名的基督石，关于这块石头，也颇多传说，多指当年耶稣从十字架被放下来时，安放他身体的就是这块大理石，犹存着他的血迹。于是，很多教徒便跪坐在旁，用身上的物件，慢慢地擦拭着石面，然后亲吻、静默、祈祷……

我们随着人流上二楼，一条长长的队伍排着，原来这是耶稣被钉在十字架的祭坛，世界各地的基督教堂走了不少，很多都有钉在十字架上的耶稣像，而这里，就是传说中他真正被钉的圣迹了。大家在祭坛前跪下，探身到一个小洞里，亲吻绘有图案的石面。因为不是基督徒，感触不深，但依然觉得是个庄严神圣的地方，绕圣墓堂一周后，我们从黑暗的殿堂走出，殿外灿烂的阳光，照耀着我们的眼睛。

和很多游客一样，我们坐在广场的阶梯上，舍不得马上离去。不为什么，就觉得坐坐，似乎不枉来到这世界著名的圣地一趟。有两个年轻的中国夫妇，手里拿着LP的《以色列和巴勒斯坦》，行前我没买到这本书，手上只有一本《中东》，他们翻着书，脸上似乎很困惑，就像一个小时前迷路的我们。一只猫走过来，在我们身边绕来绕去。突然，来了一个旅行团，全是中国人，大多是妇女，有年轻也有年长，她们没有立即进入大殿，而是坐在我们身边的阶梯上。一个中年男人站在最高一级台阶，开始宣讲，远远的，听不清他说什么，但这应该是个宗教旅行团，男人应该是牧师。他手持经书，给大家念经文，念到一定段落，所有人跟他重复，然后说阿门！他们的队伍吸引了不少游客，老外的表情是那种不解和好奇，也许他们无法理解：基督教居然如此普及，影响到遥远的中国女性吧？

□ 宗教旅行团

节后的狂欢

圣墓堂外，正午的阳光非常猛烈，我们又渴又累，就近找到一家路边餐馆。可 Sam 还是不能吃喝。这家店专卖 Hummus（鹰嘴豆）小食，就是鹰嘴豆泥为主食的套餐，可以跟沙拉配，跟牛 / 鸡肉配，可以带 Pita（面饼），也可以不带，每样名字都不同，是以色列最传统经典的食物。我点了一种带 Pita 的牛肉 Hummus。年长的老板向年轻伙计吆喝了几句，小伙应了一声，跳上自行车。不一会儿回来，手里拿着一沓 Pita。Sam 说，你瞧，这家店连厨房都没有，他们自己不烤 Pita，而是到附近小店买现成的，加上沙拉就卖给你了。我尝了尝，果然，Pita 是冷的，不软和，鹰嘴豆泥也不好吃。谁叫我们在热门景点就餐，不宰你宰谁呢？值得欣慰的是石榴汁，像所有中东地区，这里的石榴又大又甜，一两个就能榨出一杯深红的石榴汁，是街边最诱人的饮料。虽然 Sam 不介意，但在一位禁食的犹太人眼皮底下又吃又喝，让我有一种深深的负疚感。

10 月的耶路撒冷，天气仍如盛夏，加上沙漠地带的干燥，非常疲累。我们打算回去休息，度过傍晚前几个小时。拖着沉重的步伐回到酒店，我们都晒蔫了。我大口喝着冰水，Sam 可惨了，只能倒头睡去。

傍晚时分，我们再次前往古城。“再坚持两个小时，就能吃东西了！”我给他鼓劲，他笑笑说“没事儿！”Sam 是个自制力很强的人，几年前，他开始成为素食者 (Vegetarian)，因为意识到饲养业是造成地球变暖的重要原因之一，而他是执着的环保人士，于是不再吃肉类。再过两年，连蛋奶也戒了，成为严格素食者（Vegan），一直到现在。我们在中国旅行时，很难找到真正有营养的素食，基本就是蔬菜，而且常常带点肉，他倒不介意，因为不是宗教原因素食，只吃盘中素菜就是了。而且，他每餐食量不大，我相信对他来说，这一天能很快撑过去。

和孩子们再次在西墙广场会师，我问他们今天都干什么了？“躺着。”他们笑道。大家状态都不错，真心了不起啊，高中生，能接受这样的挑战。只有一个腼腆的小男生很不好意思地说：“对不起，我吃东西了。”

□ 耶路撒冷古城夜景

经过漫长的一天，广场的气氛达到了高潮。吟诵的声音一浪高过一浪，广场的人群越聚越多。祈祷区外的信徒、游客、家属，三三两两，席地而坐。仿佛在欣赏夜的降临，又仿佛在等待一个伟大的时刻降临。广场的后部，慈善机构早已摆好长桌，放满了面包和橙汁，等待饥渴了一整天的同胞，尤其是辛苦祈祷了 24 小时的信徒们。

据说，赎罪节的最后，将由一位拉比（神职人员），吹响用羊角做的号角，宣布节日的结束。天色渐渐暗了，太阳要落山了，大家都侧耳等待号角的吹响。快 7 点的样子，人群中突然爆发出一阵欢呼，盖住了隐隐的号角声，瞬间，祈祷区涌出穿长袍的信徒们，找寻着广场上的亲人，热烈拥抱！一个青年团体，围着圈子，唱起了歌，跳起了舞……“那是南美的犹太学生，我们一起训练过的。”Mac 认出来了。广场上一片欢腾，气氛热烈而感人。赎罪节结束啦！盛大的 Party 登场了！

小伙伴们取回一些食物，我们围成一圈，Sam 先喝了一大口橙汁，说，这真是琼浆甘露啊！“我们做到了！”大家分享着食物和骄傲的心情，对这一天，对这一刻，似乎有说不完的激动和感慨。

“走，吃饭去！”Mac 招呼。他强烈推荐一家叫 Ben Sira 的餐厅，“他们的 Hummus 是全城最好的！”胖胖的他咂巴着嘴，仿佛已吃到了梦寐以求的美食。昨天经过那家店时他就已宣告：明天，赎罪节结束时，我一定要到这里来大吃一顿！

□ 赎罪节后的狂欢

□ 恢复了热闹的街道

雅法门外，有一条非常现代而时尚的地下通道，两边都是时尚奢华的品牌门店，和老城的古老形成巨大的反差。穿过这条星光闪耀的地下道，来到新城的主街上，一家家店铺开始营业，沉寂了一天的城市，慢慢有了车辆、人群，声音……

刚刚开门的 Ben Sira 餐馆，老板很不好意思地道歉：“客人太多了，能否 8 点 30 再来？”哇，还得等一个小时，我们望向小伙伴。“等，一定要等！”

于是小朋友们带着我们来到附近的酒吧街，先喝点东西，当然他们只能点无酒精的饮料。在这里，我第一次尝试了阿拉伯水烟，他们教我怎么抽，不至于呛着。其实在中东，所有的风俗习惯都已经混合了。分不清什么属于阿拉伯人，什么属于犹太人。

幸福就是这样，越等待，来得越猛烈。终于，我们坐在 Ben Sira 小小的餐馆里，眼前摆了满满一桌的小碟子：沙拉，小食，hummus 豆泥，falafel 豆丸，刚刚出炉的 Pita 面包，每一样都是新鲜酥香，热气腾腾的！果然，每一样都和在其他餐馆吃到的不同，也因为整整一天没进食的原因吧，简直美味无穷。大家风卷残云，顾不上说话，很快就抚摸着肚子，瘫在椅子上……“怎么办？还有剩的呢！”有人说：“不许浪费！”于是玩国际通行的“游戏”——转勺子，转到谁，谁就得把眼前的食物解决掉。笑是会传染的，看着被转到者无奈而决绝的表情，大家都笑翻了。

□ 第一次抽水烟

□ 美食的补偿

过去的24小时，真的不可思议。对世俗的Sam他们来说，确实挺难，可是大家居然都做到了，并且充满了自豪感和幸福感。夜深了，走在空旷的大街上，远处仍传来音乐和欢呼声……对犹太人而言，经过忏悔和祈祷，这是个重生的夜晚吧！我歪着头问Sam：

“这是宗教的力量吗？”

“这是传统的力量。”他笑着回。

伯利恒之星

耶路撒冷第三日。想着节日已毕，许多地方应该开放游览了，我们再次来到古城，和私人导游 Romi 的相遇，改变了我们这一天。

也不知怎么和 Romi 攀谈上的，是在一家旅行社的门口吧。Romi 从小在耶路撒冷长大，“我就住在古城里，改天带你们去我家，楼顶上可以看到整个古城，几个大教堂，清清楚楚。”Romi 晒得黑黑的，长得有点像意大利人。他显然很了解我们的好奇，被他一阵忽悠，我们决定由他带领游览橄榄山。

橄榄山是传说中的圣山，这里有耶稣留下的“脚印”。其实它就在古城边上，走路就可以到达。但是，上山的路窄而陡峭，天气很热，坐在车里是最懒也是最舒服的旅行方式。

登高鸟瞰，整个耶路撒冷古城非常壮观，著名的金色圆顶清真寺最为显眼。这个代表着三大教派之一的伊斯兰清真寺，一周只对外开放一次，是唯一到现在我们没涉足的宗教景点。城里，高高低低的教堂和其他建筑，星罗棋布的街道；城外，密密匝匝的白色小方块，从古城边上，一直延绵到橄榄山脚。

“那是什么？”我好奇地问 Romi，“阿拉伯人的墓地”。我吃了一惊，墓地和人的居住地如此之近啊！

□ 橄榄山俯瞰

□ 耶路撒冷的清真寺

两年后，在摩洛哥的首都拉巴特城外，再次与一大片白色墓地相遇，在夕阳的映照下，笼罩着一层肃穆的光，那时已经不再吃惊。

橄榄山另一特色就是万国殿外的橄榄树，我曾在希腊、西班牙、摩洛哥等地中海沿岸国家，见过大片的橄榄树，一直觉得橄榄树是上帝馈赠给地中海最美的礼物，有着特殊的意义。院子里这几棵，古老而遒劲有力的枝干，是我见过最挺拔粗壮的，据说已有上千年的历史。不知它们见证了多少沧海桑田，此山也因此得名。

下山的时候，Romi 展示了他良好的车技，在狭窄的路上迂回穿行，其间，还成功地说服我们再去一个景点 —— Bethelem（伯利恒）。

刚开始我并不知道 Bethelem（伯利恒）有什么特别之处，可 Romi 非常积极地推荐，说，那是耶稣诞生之地啊，圣迹。可整个耶路撒冷很多圣迹啊。我们正犹豫不决，突然听到 Romi 说，那里属于巴勒斯坦地区，一个月前还不让游客前往，最近才开放。这边的游客可以过去，但那边的人不能过来。巴勒斯坦？我耳朵竖起来，这可是我感兴趣的名字，此刻只恨自己功课做得不周全。

“我是巴勒斯坦人，我开车是可以去的，不到一个小时车程。”

“你不是在古城长大吗？”

“对，可是我是巴勒斯坦人，不过，我信基督教。”这听起来有点复杂。也就是说，Romi 是阿拉伯人种，他所说的巴勒斯坦人。他目前的家在耶路撒冷古城，我们要去的，是由以色列控制，但目前由巴勒斯坦自治的区域。

为了促成这单生意，Romi 又把价格从 500 美元降到 450 美元，他真的是个好销售，找对了我们的需求点，于是我们踏上了此行唯一的巴勒斯坦地区的道路。

出城的一段路堵起了汽车长龙，不知前方发生了什么事，久久不动。Romi 突然一摆方向盘，开出队伍，一脚油门，冒着对面来车的危险，一直冲到红绿灯口。旁边一辆小车探出司机的头，冲我们哇哇大叫，Romi 也哇哇回话，吓死我了，他不会下来揍我们吧？我们不会被警察抓吧？ Sam 被刺激得哈哈大笑，wow、wow 叫着给 Romi 鼓劲儿。他在墨尔本，一辈子也不敢这么干吧？终于，我们抢道成功，把长龙抛在身后，警察也没追来，我长吁一口气问 Romi：

“刚才那哥儿们骂什么？”

“哈哈，他说他排了那么久，我居然敢插队！？现在，你相信我是本地人了吧？”Romi 得意地说。

路上关卡果然很严格，好几个大兵持枪守着，对面回程的大巴需要停下，乘客挨个检查。而我们不知是托了 Romi 的福，还是我俩无辜的游客脸，比较顺利地过了关。

北岛先生的《午夜之门》曾提到，2002 年，他与国际作家代表团的成员，应邀来到巴勒斯坦，以世界诗人的名义，为巴勒斯坦的和平呼吁。行程秘密而紧张，他描述前往拉马拉市时过关卡的情形和心情，跟我们有几分相似。

Bethlehem（伯利恒）城市虽小，却因是传说中耶稣诞生之地而名声在外。除了耶路撒冷，最重要的基督教圣地就属它了。到这个小城必参观的是 Church of the Nativity（圣诞教堂）。Romi 在小巷中拐来拐去，把车停在了一个卖旅游产品的店铺前，说喝杯茶再去。正想着他是不是让我们买东西啊，他领来了位老先生，原来他给我们找了位熟悉教堂的当地导游。

老先生带着我们俩，来到圣诞教堂所在的马槽广场。圣诞教堂的外观并没什么特别，一部分正在装修，被建筑材料包围着。门很小，进去后，有点迷茫。这时不仅后悔没做好功课，而且后悔英文水平太差，老先生介绍的许多内容，尤其是与宗教相关的信息，都一知半解。

教堂里最具宗教和历史意义的当属“伯利恒之星洞”了。相传耶稣当年就出生在地下岩洞中一个长 13 米、宽 3 米的泥马槽里。教堂最肃穆的就是一间小小的圣屋，许多朝拜者默默地坐在里面，安静地凭吊，据说这就是耶稣诞生的马槽，后来有人建了大理石圣坛，表面镶嵌着一枚空心的 14 角伯利恒银星，标志着耶稣诞生的具体位置，上面用拉丁文镌刻着铭文：圣母玛利亚在此生下基督耶稣。

□ 伯利恒星洞

所以，我们通常看到的圣诞树顶上那颗星星，就是伯利恒之星。后来读郁达夫的小说《银灰色的死》，他是这么形容“圣诞节”的：“一千九百二十年前，在伯利恒天空游动的那颗明星出现的日期又快到了……”

Romi 在教堂外等着我们。开着车子缓缓离开马槽广场，离开伯利恒，我们一再回望山上这座城。作为一个基督徒，Romi 对伯利恒的感情是显而易见的，他说，如果有机会，一定要在圣诞节来，你们会发现，这里是全世界最美最热闹的地方。

可是回到现实，伯利恒的处境并不乐观。伯利恒的穆斯林占多数，却拥有很大的基督徒社区。政治上它归属以色列（不然我们来不了），但由巴勒斯坦的伊斯兰组织哈马斯管理着日常行政，哈马斯一直主张武装赶走以色列，近年终于比较务实，才有了合作的态度和成果。

我们忍不住要问问 Romi 这个当地人的想法：

“Romi，你怎么看哈马斯？”

“嗯。”他沉思良久，感觉 Romi 回到了一个耶路撒冷普通公民的角色。

“我觉得他们没干什么好事，他们说谁谁谁不好，就是为了让我们害怕。”

我和 Sam 对望了一眼，没说什么。

关于巴勒斯坦和以色列的冲突，即使在遥远的中国，我们从小到大，这几个名字都已烂熟于耳了：阿拉法特，拉宾，巴勒斯坦，加沙，约旦河西岸……和平的进程一直起起落落，到了 20 世纪 90 年代，拉宾与阿拉法特第一次为和平握手，本以为从此迎来了和平的曙光，可是，20 多年过去了，仍然起起落落……

回程的沿途都是土路，火焰般干裂的黄土山上，散落着些矮小的土屋，没有现代化的高楼，没有鲜艳的颜色。冲突说短了快百年，说长了，已有几千年，状况有哪些本质的改变吗？似乎这里的人民，还是活在今日不知明日事的阴影下，他们命运到底由谁在掌握？

上帝啊！这是你的应许之地，你还在保佑你最忠诚的子民吗？

四

双脚丈量佩特拉

也许是因为中午时分，以色列南部到约旦的通关口岸（Arava）人很少，显得格外安静。两国边境口之间，有一段200多米的步行路段，Ruth跟在后面，偷偷拍了一张我们走向“Welcome to Jordan”牌子的照片。出关后，她轻松不少。接下来，旅行社安排的导游，在约旦口岸等着我们，办理入境手续。

上周我们在特拉维夫 Ruth 的家里计划约旦行，她坚持让旅行社安排一切。因为长期以来，以色列人对身边的阿拉伯世界都保持着警惕，哪怕两地早已签订和平协议，互通有无，她仍然对到约旦旅行非常担心。听说她从没去过约旦，我们都大吃一惊，这就跟广州人没去过香港特别行政区一样。两地紧紧挨着，如果从中部的口岸出入，只需要一个多小时车程。我们选择南部口岸，是因为它位于红海之滨的小城埃莱特（Eilat）和阿克巴（Aqaba）之间，在回程时到红海浮潜，是我多年的心愿。

我和 Sam 研究过攻略，觉得没有用旅行社的必要，但考虑到 Ruth 的担忧，便同意了。虽然 Ruth 是个见过世面的白领，曾和 Sam 一起在尼泊尔徒步，算是小有旅行经验，但她实在不擅长安排行程。她和旅行社讨论的私人定制行程，只在约旦待一天一夜，每人要交 500 美元！我们都觉得太亏了，就算贵，玩的时间要够啊。经过 Sam 和旅行社的再交涉，最后，行程调整为两晚三天，只有第三天不安排导游，价格不变，皆大欢喜。

□ 过海关

我们四个人来自三个国家，都要办签证，导游忙完后，我们排队入境约旦。入境窗里是个中年签证官，他翻着我的护照说，你的签证呢？我脑子糊涂了一下，嗯？不是落地签吗，护照里没有啊？他假装找了一下，才指着导游刚给他的纸说，是这个？我说，哦对！他坏坏地笑道：“你刚才是不是有点紧张啊？”然后突然换成中文，“你好，再见！”哈，原来是恶作剧啊。看来这里中国人挺多，边境官都会几句中文！跟在我后面的 Mac 也被开玩笑，问：“哪里来的？”“澳大利亚。”翻了护照几页，指着照片页的水印说，“我喜欢袋鼠。”我们心里的石头都落了地。

就这样，5 分钟后，我们这个“联合国旅游小分队”，已经坐在越野车上，驶向约旦南部著名的景点、电影《阿拉伯的劳伦斯》拍摄地——月亮峡谷（Wadi Rum）。

月亮谷掠影

月亮峡谷是我们过境后第一站，它成名于一本叫《智慧七柱》的书，也就是后来改编成电影的《阿拉伯的劳伦斯》。据说这是部史诗般的电影，可惜我没看过。在车上，导游从前排扭过头说：“我给你们讲一个故事，很久以前……”我们全都睁大了眼睛，竖起耳朵，本来以为 5 分钟的故事，他嘚吧嘚吧地讲了 1 小时，我和 Ruth 居然当着他的面睡着了，睡得东倒西歪。虽然很没礼貌，但实在忍不住，下了车，我俩一直偷笑。

直到车停在峡谷口，安排我们吃了一顿简餐，Hummus（鹰嘴豆泥），沙拉和 Pita，典型的中东餐。换了一辆类似皮卡的敞篷车，和一个身穿阿拉伯长袍的年轻司机，小敞篷颠簸在尘土飞扬的路上，路边红色岩石的山一座连一座，像层层打开了山门，空气干燥而炎热……一切都那么新奇，我终于来到了阿拉伯的世界！

我们的行程就是典型的旅行团观光，总共 3 个景点。首先停在一片阴凉的地方，爬爬山看看岩石。骆驼们三三两两，在慵懒的阳光下，或睡或卧，或汲着水槽里的水，等着愿意骑着它们走一圈的游客。最后，车子停在一座沙漠山丘前，导游喝茶去了，让我们爬沙山。拖着载满沙子的鞋子，我们终于爬上了山顶，放眼望去，四周一片金黄色的荒芜，非常壮观。

因为要驱车两小时前往 Petra（佩特拉）古城，此行的目的地。所以没等到太阳下山，我们就离开了。后来听以色列的朋友说，他们曾在这里观日落，露营，夜晚的星星就像挂在圣诞树上一样。如果我们是自由行，就可以随时停留了。这美景，只能留作念想。

因为一天的舟车劳顿，前往佩特拉的路上我们都睡着了，突然醒来时，窗外天色已渐黑，北极星悬在空中，大地笼罩在茫茫暮色中，但天际线有一条色带，红得摄人，应该是落日投射的余晖，我不禁被这气象惊住了。

夜色中的佩特拉是个山城，几片灯光散落在各个山头，夜凉如水。

□ 佩特拉古城藏宝库

佩特拉古城

位于约旦南部，坐落在胡尔山脚下、穆萨谷地之中的佩特拉古城，是一个带有神话色彩的历史遗迹。2000 多年前这里已经有人居住，因为是埃及、叙利亚等国之间的交通要道，很快成为商业重镇。公元 2 世纪，它成为罗马东部繁荣的都市。经过漫长的岁月，它由盛转衰，慢慢消失在世人眼中，成了传说中那个藏了无数珍宝的石头城，藏在沙漠深处，但俗世的人找不到。这座古城有点像南美的“马丘比丘”，一直到 19 世纪初，才被英国人发现。里面很多当年的庙宇或坟墓都保留完整，因为山体的特殊颜色，被人们称为“玫瑰谷”。

从我们酒店步行到遗址景区门口，不过十来分钟。道路两旁的一些大石头上，凿着洞穴，比较粗糙原始。进入长长的西克峡谷（Siq），两边矗立着悬崖峭壁，形态各异，有些截面就像刀削斧砍过一样光滑平整，在阳光照射下，呈现出黄、红、褐、暗蓝等颜色，难怪叫“玫瑰谷”，真实的色彩要比玫瑰还丰富。正感叹大自然的神奇造化，导游告诉我们，那些岩壁上有不少人类文明的痕迹：一个个洞穴是不同身份人的墓地，还有人工修建的水渠、宗教壁画等。原以为峡谷只是自然景观，没想到，这里暗藏着人类活动的痕迹。

西克峡谷的尽头，豁然开朗，矗立在眼前的，是一座宏伟的罗马式建筑——藏宝库（Treasure），几根大柱子，支撑起一座宏伟的殿堂。这，应该就是传说中阿里巴巴的宝库吧？！所有人在此仰望、驻足、观赏。导游却催促着我们赶往下一个景点：皇家墓群（Royal Tombs）。这一片开阔地带，山体的颜色更加鲜艳、绚丽，大小洞穴分布在四周高高低低的崖壁上，不少人爬到很高的山洞，一探究竟。

此时，我们已感觉请个导游着实有点多余。佩特拉古城于 2007 年被评为世界新七大奇迹之一，管理很好，每一处景点都有文字说明，已是成熟安全的旅游地。导游没有锦上添花，反而处处限制我们。最重要的，我们已经被眼前奇妙宏伟的景观惊艳到只想好好欣赏，不愿被任何人或者时间干扰了。

通常，旅行团参观完“皇家墓群”就打道回府了。对我们而言，则是到了和导游做一个“了断”的时候。给完小费，道了谢，和他拜拜，终于，我们自由了！

大家摊开地图，商量接下来的一天半怎么玩。最后，我们一致决定“探秘”，像大多数背包客一样，走几条徒步路线，探索这座神秘的古城。今天剩下的半天，爬古墓背靠的高山，明天再看能不能走完修道院和高祭坛两条路线。

说走就走，我们开始徒步古墓路线。参观完位于山腰的几个洞穴，石阶路开始陡起来，这时已是下午，阳光最猛烈的时候，炎热和干燥令人疲乏，爬一段就得休息下，狂喝水。路上几乎没什么人，静得只听见我们说话的回音，我们独享着徒步中的美景，崖壁上大自然形成的纹路，近在眼前，用手即能细细触摸。远处形态各异的岩石，给人以无限想象的空间……中途遇到一对年轻情侣，说希伯来语，Ruth 充分发挥了她 PR 经理（公关经理）的天分，打听到山顶有一个景点，可以俯瞰全城。我们来了劲儿，互相鼓励，终于在快筋疲力尽时，爬到山顶！一颗巨石上挂着一块简陋的木牌，箭头指着：Best View（最美景观）。啊！这就是了。

我们冲着牌子所指，走到山边，这里居然开着一家两三平方米大的小铺面，卖茶和一些纪念品，铺子另一面，就是悬崖，我们走到悬崖边上眺望，终于，“Best View”出现了，阿里巴巴的藏宝库，就在我们眼皮底下！原来，这里是古城中心的山顶，哇，我们都惊呼起来！底下的游客小如蚂蚁，他们仰视着宝库的几根大罗马柱子，而我们，完全在宝库之上，俯瞰全城！

□ 玫瑰谷

□ 古墓穴

他们纷纷坐到悬崖边上，我恐高，退回小店，这才注意到，店主是一个年轻的阿拉伯男子，静静地坐在边上，墙上挂着些手工艺品，他静静地笑着，问我："中国人？"我说是呀，坐了下来。他从墙角拿过一个乐器，有点像马头琴，但是琴肚是方形的，像用某种动物皮所制。他演奏起来，居然是《两只老虎》的曲子，大家全跟着唱，Ruth 说这是法国儿歌，她唱的是法语，我唱中文，原来，这还是世界级儿歌呢。没想到青年帅哥突然改成中文唱："两只老虎，两只老虎，真奇怪……"一曲拉毕，我问："你这里很多中国人来吗？"他说："不少。"我又问："你的中文跟他们学的？"他说："是的，你看。"他指这墙上，原来，用布糊的墙上，有很多留言，各国语言都有。我找到几条中文留言："好不容易到这里，还好没放弃！"深有同感。另一条写着："悟空把阿里巴巴的宝藏挖走了！"想必能走到这儿的，都是些有趣的旅人吧。

帅哥的英文极好，人很从容，不像山下的生意人，催着游客买东西。我们点了茶，在山风中享受着。放眼望去，山峦叠嶂，山风袭来，所有热汗、疲倦都消失了。只见他又拿过另一个乐器，像箫，放在嘴边，吹奏起来，箫声悠扬，飘在风中。此情此景，云深不知处，我被这个青年深深地迷住了，充满景仰地望着他！我悄悄对旁边朋友说：这箫声，怎么有点忧伤呢？他仿佛听懂了似的，曲调一变，《两只老虎》又响起，大家都笑了。

□ 拉琴的青年

告别了山顶的青年，踏上归程，我才知道没有环线下山的路，要原路返回。徒步最痛苦的，是你以为已完成了大半行程，只剩最后一段了，却不得不再重复一次痛苦。我一路唠唠叨叨，“为什么呀，难道没有捷径可以下山吗？帅哥难道每天也这么远上山？”“你刚才没听到帅哥说吗？他从悬崖壁爬上来的，所以大家叫他 Spiderman（蜘蛛人）！”啊，想想那壁立千仞的悬崖，不禁对青年又佩服了几分。

夜游古城

最后回到酒店，我们已精疲力竭，但晚饭过后，还得振作精神，准备参加LP推荐的“不可错过”的节目——夜游佩特拉。LP上是这样描写的：“这支由200人组成的队伍就像一支充斥着咳嗽，大笑和放屁声的骆驼商队一般，一路‘安静地’走向西克峡谷……”“这趟特别且难忘的旅途能让你和其他兴奋的游人一道，享受绝美的盛景……”好特别的介绍，至于夜游具体内容是什么，谁都说不清。我们多停留一晚，主要就为参加这个活动。

晚上8点，真的有差不多200个游客在古城口集合，浩浩荡荡地开进古城。在黑暗的峡谷里往天上看，密密匝匝的星星，银河一般。组织者很有心，沿途放置了小灯笼，大家循着灯笼路，三三两两到达目的地，又是阿里巴巴藏宝殿。这里，白天的喧嚣已消失，空气中残留着些骆驼粪的味道。大殿前的地面已清扫干净，铺了几圈草席，小广场点满了小灯笼，烛光摇曳，煞是浪漫。

大家陆续坐下，本地人送来甜茶，我们猜，应该是晚会或者灯光show（演出）。旁边两个日本游客，拿着相机一直在拍烛光和大殿……不一会，从大殿旁边的山洞里，传来悠悠的箫声。黑暗中看不到演奏的人，所有人都静静地听着。曲子很长，差不多演奏了4～5分钟，技艺并不是很娴熟。不一会，第二首曲子响起，琴声就像白天山顶年轻人的乐器拉奏的，颇有在内蒙古草原上听到马头琴的感觉。可惜演奏者的水平比较平庸，和我们在电视里看到的马头琴演奏没法比。我说，这个开场可够长的。

一曲奏罢，演奏者好像是个老人，从洞里走出来，他邀请几个年轻游客上前，手拿着纸灯笼。这时，我们的眼睛已适应了黑暗，发现他脚边有一排射灯，应该是灯光秀了！大家都激动地期待着演出正式开始，老人和几个孩子完成简短的仪式后，啪！眼前的灯打开了，玫瑰色的灯光照在整个藏宝殿上，哇！大家纷纷拿起相机……然后，老人说了句什么，示意大家可以到烛光中间拍照，于是，坐着的人纷纷走到大殿前合影。我和朋友疑惑地站起来，看着大家，他们并没有拍完归位的意思啊？难道，就这么结束了？我拽了个身边开始收席子的工作人员问，演出结束了吗？他说，是的！

□ 夜游古城

直到走在回去的路上，我们还不太敢相信，这就是佩特拉夜游？ 17 美元哦，两支我们一直以为是开场的曲子，只有一种色彩的灯光秀？想起各国那些炫酷炸天的灯光表演，我们又好气又好笑，黑暗中响起哈哈哈的笑声……这是 LP 跟我们开的国际玩笑吗？！

徒步

想到今天要徒步的两条路线，说实话，我心里真发怵。

好多年没有认真徒步了，上一回，应该还是10年前在尼泊尔，连续4天的徒步，那已是我个人的最高纪录了。后来，每一次旅行，或多或少都有徒步的机会，比如塔斯马尼亚的海岛，新西兰的冰川等，但都不超过2小时。大脚趾扭过的旧伤，在过度行走时，会引起整个左脚面的疼痛。所以这些年，跑步或走路，我都很注意不要过量。昨天下山时，我的脚踝和膝盖都有明显不适。今天光修道院（Monastery）这条线，据说就要4～5个小时来回；另一条高祭坛路线，是Mac非常向往的地方，虽说不远，看来也非去不可的。

在佩特拉徒步，猛烈的太阳，炎热的天气是最大的障碍。自从来到中东，我的手臂因为干燥而过敏，一直痒，首先得保护它们，然后，我的脸恐怕已黑了两个色阶了。长袖，防晒霜，帽子，我把专业的快干衣裤穿上，Ruth不可思议地笑道：“天那么热，还穿长衣长裤？！”她哪里理解东方女孩最怕晒黑呢？她是地中海边长大的孩子，喜欢阳光，常常穿着露肩的T恤，露出健康而性感的小麦色皮肤。但我常常替她的肩膀担心，会不会晒伤呢？

另外两位男士根本没把这几小时的山路当回事儿，他们只是有点担心，司机5点来接我们回以色列，4点前我们能否完成全部徒步。所以，有时间上的限制，对我们来说，又是一种挑战。

尽管怵，我还是跟着大部队来到山脚下。山路迢迢，只能一步一步向上爬，可恨的是那些骑驴上山的游客，时不时经过，一路释放着驴屁屁的臭味。好在路上不少同行者，还有摆地摊的小商贩，分散登山的辛苦。小贩们最喜欢这样跟游客打招呼：

“买些东西吧？”

“不了，谢谢！”对，必须坚决地拒绝，千万不要用敷衍普通小贩的说辞：

“回头吧（later.）”如果说了，他们就会紧跟一句：

“你保证？（you promise？）”然后，当你下山时，他们一定会说：我记得你，你回来了？你答应过later要买我东西的！哇，吓死人，哪敢保证。

□ 徒步路上

就这样，走走停停，和小贩调侃几句。偶尔回首，光秃秃的石头山，就跟火焰山似的。终于，走了800多级台阶后，我们到达终点——修道院。这是一座废弃的古建筑，外观宏伟，见证了千年前的宗教活动。建筑里面和古城其他洞穴一样，空空如也。商人很聪明，在殿外空地上开了餐馆，游客可以坐在树下，边喝着饮料，边欣赏古建筑。但远处还有两个山头，标示着“Best View”，应该是制高点了。

又热又渴的我们坚持爬上最后一个山头，又是一个小茶铺！群山环绕，来不及看风景，我们都瘫倒在店里的垫子上，两个多小时的徒步，终于征服了今天最艰难的路线。

Ruth要点东西，阿拉伯老板是一个干瘦的中年男人，留着小胡须，他半跪在Ruth面前，轻声问Ruth要喝什么？ Ruth和我们各点了一杯茶，他把茶端来后，自己也拿了一杯，不远处坐下。这种茶有点像印度的姜茶，甜甜的，微辣，一片柠檬叶漂在茶面，淡淡的清香。昨天尝过之后，我们都爱上了茶的味道，尤其在大量出汗之后，来一杯热热的姜茶，非常解乏！刚开始，我们拒绝买所有东西，因为攻略上总是提醒大家不要轻易相信那些小贩等等，但是，我们在古城里碰上的，哪怕是卖明信片的小孩，也不会过分纠缠游客。有时候，“攻略”也扼杀了旅行中许多偶然的快乐。

□ 山上的古迹

Ruth 和老板聊起来，他的英文也很好，一点特别的口音都没有。Ruth 好奇地问："你在哪学的英文呢？"他轻轻笑道："游客啊，天天说，就会了。"

"你读过大学吗？"

"没有，大自然的学校。"

"你住哪啊？"

"住在山里，附近有个洞，旅游季节我就住在那，有客人就开张，冬天没客人就下山。"

"不寂寞吗？"

"这里风景这么美，逍遥自在，我很享受啊！"

"那你结婚了吗？"Ruth 还真是不客气。

"没有。"他简短地答，想了想，又说，"还不想结婚呢，如果我真的想，应该也不难吧，这么多来自世界各地的人……" 他玩笑道，"但是，结了婚……"

"就没自由了！" Sam 接口道。

“是啊。”他笑了，喝了一口手中的甜茶。

又一批游客爬上了山顶，打断了我们的谈话。我们决定下山了，还有一条路线等着呢。Sam 跟他握手告别，说，下一次，我来住上几天，一定再来看你。他非常礼貌地感谢，把我们送出小店，才去招呼其他客人。这批游客多是老人家，应该是个旅行团，我真的很佩服老外的旅行精神，很少中国旅行团会安排老人走这样的徒步路线吧？旅行社不敢，团员估计也胆怯，大家都不喜欢辛苦的旅行。可是这个世界上，有一些风景，只有经过艰苦的跋涉才能遇见，有一些人，也一样。

下山途中，Ruth 突然发出感慨：“我太喜欢这里的一切了！这里的人，你瞧，他们怎么能那么宁静，那么从容呢？他们英文这么好，什么话题都能跟你交流，不卑不亢，充满智慧，就像受过良好的教育。我对约旦彻底改观了！这么安全漂亮的地方，根本不需要担心！”

□ 薄荷茶

最后的坚持

从修道院下到山脚，我的腿都有点发抖了，阳光烈烈，脸上发烫。第二条路线高祭坛（High Place of Sacrifice），山顶是古时候宰羊祭奠上帝的地方，如今只留下一个小小的古祭坛。旅行书上说，在佩特拉古城，不要什么都想做。看到山的陡峭，我有点打退堂鼓：我们已经走过两条路线了，难道就不能坐在小铺里，喝着石榴汁，悠闲地度过最后的时光吗？为什么非要完成这条明知没什么风景的路线呢？

可小伙伴们似乎完全没有动摇的意思，对他们而言，既然来到了佩特拉，既然决定了用双脚探索这个神秘的世界，就一定要尽力完成，其他方式都不可替代。

Ruth 最厉害，第一个踏上山路，她平时锻炼的成果这下显示出来了，她和我同龄，体力却好得多。Sam 年纪最大，但他是个运动狂人，精力充沛，只是爬山会略慢些。Mac 最年轻，是个小胖子，没想到他今天表现出色，第二条线主动接过了 Sam 的背包。我虽然很矛盾，但休整了一会，感觉体力尚可。只好尽力说服自己：这趟难得的旅行，早上还在害怕这一天的漫长呢，转眼只剩几小时，就要和这个美丽的国家说再见了！走吧，不知什么时候，还有机会再来。

我把快干裤的下半截拿掉，变成短裤，走起来更利索，直后悔怎么没早点这么干。这条路，比之前更陡，走几步，就得停下喘会儿，水也快喝干了。途中，那些干枯岩石中生长出的植物，偶尔在眼前快速窜过的蜥蜴，像大自然的精灵。与它们同行很快乐，但是，心里更多地惦着，什么时候才能到达顶峰？每次感觉快不行了，Mac 就拿“胡萝卜”引诱我：“Cathy，想想今晚，可以吃海鲜大餐了！想想明天，我们已在红海里游泳了！还有 5 分钟，还有 5 分钟……”

下午 4 点，没吃午餐，从早上一直走到现在的我们，终于徒步完成了佩特拉古城两条经典路线！战胜了自己！在山脚的小卖部买了一罐冰可乐，大家分着喝，哇，简直是甘露！

“Cathy，好样的，我为你感到骄傲！”Sam 拍着我的肩膀说。那一刻，我也终于释然，“还好没放弃！”原来，突破了自己，真的有一种久未尝到的快乐！

归途中，我们遇上了徒步中见过的一位法国老太太，大概70多岁，背着个不小的包，像年轻人一样大步行走。老太太是个资深旅人，她曾独自在中国旅行，去到“连普通话也听不懂”的农村……现在，她独自行走在美丽的阿拉伯土地上。“佩特拉太美了！”她气喘吁吁却无比兴奋地感叹。

说实话，这些年我去了很多地方，但总觉得和自己旅行的初衷越行越远。不是朋友安排好路线，我跟着走，没有了独自探索未知的勇气；就是自驾游，住舒适的酒店，再也没有当年背包吃苦的精神；又或者被时间所限，旅行成了匆匆的观光。这一次，虽然仍受各种因素限制，但因为这几个懂得旅行意义的朋友的坚持，终于更接近旅行的本质：看见大海，就跳下去与鱼儿共游；遇到高山，就用双脚来丈量它的美丽；而不是用手机看看风景发发朋友圈就够。真心希望自己到了70～80岁，还能像那位老太太一样，有一颗拥抱、感受、探索世界的心。

□ 最后的坚持

佩特拉，再见！

5点钟，旅行社的司机准时出现，接我们前往约旦口岸。

车子环绕在山路上，夕阳的光辉洒在佩特拉城，温暖而静谧。我们的情绪，仍然沉浸在与佩特拉初见时的惊艳、夜游的欢笑和徒步的兴奋中。匆匆两日，我们没有机会遇上传说中最美的古城落日，还好，归途中有夕阳做伴。我们的司机是个约旦小伙儿，英文不太灵光，一直安静地开着车，看到我们激动地指着天边火红的夕阳，贴心地停下车，让我们拍照。最后，夕阳在我们的注视下，一点点地沉到远山之后。

在黄昏离开一个地方，旅人们大多经历过那种感受，无限怅惘。耳机里传来*Asia Road*悠远婉转的旋律，突然间，我对这个犹未知，品不够的国家，生出浓浓的眷恋之情。

告别，拥抱，离开暮色下的约旦口岸，再次进入以色列。来时的忐忑，已完全消失，只留下回味和轻松。入境最后一关，我们背起扫描完的重重行囊，Ruth指着墙上一幅照片，那是约旦国王侯赛因与以色列总理拉宾在和平谈判后的合影。照片中，侯赛因正在给拉宾点烟，两人神情轻松，就像一对老哥儿们。Ruth说，我喜欢这张照片，它让我们享受到如此美丽的旅程。

五

南美精灵库斯科

过去的一个半月，我们环游了厄瓜多尔、秘鲁以及玻利维亚。从亚马孙雨林，到安第斯火山湖；从太平洋上的加拉帕格斯岛，到高原山城基多、库斯科和拉巴斯；穿过世界最大的的喀喀湖，到达“天空之境”乌尤尼盐池……其中，安第斯山脉的美，无法言说地烙在了我心底。我有一种冲动，告诉西藏的朋友，在地球的另一面，有一片和藏区非常相像的土地和人们。有人说，安第斯山脉是南美的脊梁，而我们行走的三个国家，恰好是安第斯的中心，纵横了这片土地，算是抚摸了一遍南美的脊梁。

到现在我都不明白，为什么会选择最后一周重回库斯科。库斯科，秘鲁第二大城市，坐落在3500米海拔的高原之上，古印加帝国的首都。今天看上去，不过是游客如织的小山城。什么力量把我拉回来，是神秘的印加文明？青年旅馆里流浪的年轻人？还是那从容的山地人？

初遇

天主堂的礼拜

出租车还是把我放在武器广场附近的 Av. El Sol 路边，按门铃，青年旅馆 Kokopelli 的锁“嗒”的一声，我推开重重的木门，像回家一样熟悉，前台女孩问：“您来过？”我说：“是的，两周前。”她愉快地把 P3 钥匙放我手里，“那我就不用介绍什么了！”

因为拉巴斯飞利马一程意外取消，我重回库斯科的计划推迟了整整一天。虽然最后航空公司帮我改成直飞库斯科，但等待和沟通的消耗，令人疲惫。终于到了南美行的最后一站，回到熟悉的旅馆，我瘫在床上，沉沉睡去。

傍晚醒来，时空迷茫，我起身出门找吃的。再次行走在光滑古老的石板路上，想起两周前第一次飞抵古城库斯科，感觉跟现在一致。不同的是，同伴都走了，终于剩下我一人！高原的晚风拂面，清凉而放松，我心里欢喜又惆怅……

两周前，和伙伴们第一次飞库斯科，快抵达时，从机窗远眺，天边落日之光和乌云交错，照着偶露峥嵘的雪山尖，有点儿像当年飞“驼峰线”，前往香格里拉的感觉。但底下一片片房子，梯田，人家……分布在连绵的山峦间，密集程度比藏地高多了，这可是 3500 米以上的高海拔地带！

□ 库斯科教堂

□ 库斯科教堂

□ 秘鲁的集市
□ 厄瓜多尔的高山湖泊
□ 亚马孙雨林

□ 加拉帕戈斯的动物天堂
□ 乌尤尼的天空之镜
□ 印加人用传统手法治病

从喧嚣闷热的利马，来到清凉的库斯科，反差巨大。傍晚，沿着广场走了一圈，石板路光滑而古旧，在雨夜的街灯下，泛着青黄的光，我立刻爱上了这个小城。

第二天，2 月 5 日，星期天。我们决定到古城的中心随意转转。广场正中的天主教堂，大门敞开，不需要买票。走进一看，教堂挤满了人，不仅中间的椅子上坐满，两旁通道也站了不少，神父在台上布道，原来在做礼拜！我们静悄悄往里走，座位上偶尔有人抬头看一眼。同伴走到离神父很近的柱子旁，我到一半就站住了。对来做礼拜的人，我更好奇，或坐或站的人群中，有些明显来自本城，有些穿着传统服饰，脸庞有更典型的印第安人特征，也许从更远的乡村跋涉而来。

突然，教堂尾部的人群中响起唱圣诗的歌声，安静而优美，大家都沉浸其中。在神父的指示下，众人跪下，站起。我悄悄退到教堂大门处，再从右边通道往里走，可没想到，人更多，有些人对着大殿右边墙上的圣像，凝视祈祷，有些则站着听布道，我只好站在一群人后面。

有一个中年印加男人，密密匝匝的人站在他前面，挡住了神父和主讲台。听到神父的指示，他单膝跪下，其实，就等于跪在了别人身后，他也不在乎，画着十字，默默祈祷了很久，虔诚地磕了一个头，才起身。不知有什么心事，向上帝诉说，我站在他身后，瞬间有些感动。

记得在厄瓜多尔首都基多时，教堂给了我别样的印象。在南美，天主教堂最华丽辉煌，因为受殖民者西班牙的影响，全民信天主教。但和在欧洲旅行时的感觉不同，这里除了大天主教堂，还有很多街边小教堂。清晨走在街道上，常常看到的画面是：上班的人，西装革履，经过教堂，门还没开，于是对着设在教堂门口的圣母像，祈祷，静默，画十字，然后离开。就像信小乘佛教的尼泊尔人，清晨上班，在佛像前给眉心点上一点红，为一天的平安顺利祈祷。教堂，是市民生活的一部分。

有时走在大街上，突然拐进一家小教堂，喧嚣瞬间被隔在门外，仿佛来到另一个世界。安静的殿堂里，常常只有三两个人。我见过很多人，尤其是男人，年长的年轻的，或坐或立，长久不语，最后半跪，划十字，离开。这样的场景见多后，不仅生出联想：在中国，如果男人有了烦恼，一般怎么排解？网上有个说法：男人们深夜回到家，门口熄了火，却仍留在车里，点上一支香烟……看起来，中国的男人不容易，倘若有个教堂般的场所让他们静静，排解无言的压力，那些暴力事件或猝死，会少很多吧！

礼拜近尾声，不知神父号召了什么，突然，所有人都站起来，和身边认识的家人拥抱，亲吻。然后，和不相识的人握手，拥抱，脸上露出释然的笑意……我虽远离人群，却突然被什么打动。也许，爱，是世俗唯一的解药。

□ 俯瞰武器广场

印加文化和马丘比丘

说到“消失的古城”——马丘比丘，不得不提神秘的印加帝国和印加文化。在南美旅行，总会碰到这样的历史分界线：殖民前、殖民后，或者前哥伦布时期、印加帝国时期。

印加文明是南美洲三大古文明之一，当然很早就已经存在。1492 年大航海时代，哥伦布“发现”了美洲，在此前后的 100 多年里，正是印加王瓦伊纳·卡帕克统治的“印加帝国”繁盛时期。当时北到哥伦比亚，包括厄瓜多尔、秘鲁，南到阿根廷、智利的大片疆土，都属于印加帝国，可见它对南美大陆的影响力。库斯科，就是当时帝国的首都。跟古时候中国人一样，印加人也认为，他们的国是世界的中心。

1532 年，西班牙殖民主义者 F. 皮萨罗的入侵，改变了印加国，甚至改变了整个美洲的命运。皮萨罗仅凭 13 人，诱杀了当时的国王阿塔瓦尔帕·立曼科，夺取了政权。印加人并未轻易放弃家园，战争持续了 20 年，印加帝国才逐渐被灭亡。讨论起来，我们都觉得不可思议：一个如此强大的帝国，就这么被一小撮人打败了？究其原因，一是内讧，帝国后来被兄弟俩瓜分，两个国家之间连年战争，让西班牙人钻了空子；二是因为印第安人太相信白人了，想不到他们那么背信弃义吧！

印加历史引起我们兴趣，于是去马丘之前，参观了库斯科的印加文化馆，这里的展览按印加王国的不同地区分馆，保留了艺术水平最高的文物。完全可以和当年我在雅典国家博物馆看到的古希腊精美艺术品相媲美！看完更让人心痛，因为，印加文明被称为铜器时代唯一没有文字的文明！什么意思呢？就是，那么多成就，医学、建筑、艺术，都没有任何文字记载。所以，他们是怎么做到的，后人无从查据。

其实，印加有一种神秘的“结绳”记事方式，有人说它就是印加文字，只是没破解。专家们为此吵了好多年，直到几年前，美国考古学家得出结论：结绳，只是记录数据的方法，不能称之为文字，争论才消停。难道，一个延续了 600 年的文明，就这么消逝了？所以许多发现，经过一番研究后，都只能遗憾的宣布：因为没有文字记载，至今仍是一个谜。

马丘比丘就是其中最大的谜团。

从库斯科去马丘比丘，以前有火车直达，现在一般是先坐小巴士到奥兰镇，只需10索尔，很方便。到了奥兰，再上火车前往马丘比丘所在小镇 —— 热水镇。这一段没有公路，除了坐火车，只能走印加古道，有旅行社开发这一段成徒步路线，要走 4 天，仍有许多背包客趋之若鹜。

从我们落脚的热水镇出发，盘山公路带我们转了 20 多分钟，抵达山顶。群山之间，云雾之下，一座在图片中见过无数次的城池，穿越想象，出现在眼前，这就是马丘比丘。

刚进入马丘比丘古城时，世界各地的旅行团，自拍的，帮人拍照的，摩肩擦踵。好在除了古城遗址观光，他们还推荐了两条徒步路线，我们选了太阳门 sungete 一线。离开人群，进入山路，几个男孩蹲在路边，观察着什么，我凑近一看，哇，一只红色的大蜈蚣，研究了好一阵……走着走着，喧嚣渐渐远去。小路绿树成荫，右面山坡上，安第斯的森林植被，释放出潮湿清新的空气，左边悬崖对面，是几座高耸入云的大山，悬崖边的高山杜鹃，绕着纱一般的松萝，还有许多不知名的花儿。而马丘比丘古城，一直不远不近，就在那儿，仿佛把我带回到 16 世纪。

□ 奥兰镇火车站

那时候，马丘比丘是我们国王祭天的场所。为了一年一度的祭祀大典，我们修筑了这座城池。选择这个得天独厚的位置，是女祭司求得的神示。皇命下达后，从库斯科派来的部队，跋涉了五天五夜，才来到热水镇。当然，当年这里只有几间牧羊人的茅草屋。我们利用杠杆，把乌鲁班巴河边的一块块巨石运到山上，再用灌水切割的办法，把石头切成需要的各种形状。据说这对后世的人，产生了巨大的困惑：他们猜不透我们怎么把石头运上山，如何切割，然后，建起严丝合缝的墙和整座城的。其实，简而言之，就是时间呗！世界上还有什么能不被时间打败？国王既下了命令，我们的工匠和祭司，就以山为家了。十几年日日夜夜的辛劳，建起这座包括太阳殿、祭天台、手工坊、居民房的城。女人是这座城市的主要角色，除了要祭天的女娃娃，还有许多做手工的妇女。白天，男人们在田里种庄稼，女人们织布，操持家务，过着与世无争的日子，直到有一天……

坐在太阳门的田埂上，远眺马丘，无法不对这个在1911年才发现的古城浮想联翩。自从16世纪印加帝国灭亡后，因为特殊的地理位置，它躲过了殖民者的战火，从人们视野中消失了。从此，古城的传说，只留在祖辈的吟唱里。没有人知道它是否存在，如今在哪儿。如果我是当年的印加人，或是那将被祭天的女童。啊！哪怕生命最后一刻，在古城里奔跑，我的童年也是快乐的。因为，对面的深山里，开满我喜欢的花儿，太阳每天升起，山涧云起云落……

□ 马丘比丘

我的浮想联翩突然被雨点打醒，大雾渐渐从山坳里涌上来，也许要下大雨了。我们赶紧收拾摆在地上的简单午餐，踏上归途。1 个小时后，我们回到马丘古城遗址的中心，天空居然放晴了。

这时已是下午时分，几乎所有的旅行团都离开了，只剩那些三三两两的散客。正是慢慢品味古城的好时刻。有一对兄弟，一直在玩自拍，忽远忽近的，老遇上。最后终于忍不住，问他们从哪来？阿根廷。哦，难怪那么帅呢！给他俩来了一合影，比他们自己拍的好多了，小帅哥们特别开心。

还有一个家庭，请了导游，我们便蹭，听导游解释每个房间的功能、故事……有两个欧洲老人团，真聪明，没凑上午的热闹，专捡这个时候游览。导游从容的解说，游客细细地品味。我老实不客气地混在团里，问导游："为什么有些窗户是封死的呢？""哦，那不是窗户，是橱柜，放东西的。""这个怪石是什么？""这是一个老鹰的图腾，你看，那是翅膀，这是鹰嘴……"导游不厌其烦地给我讲解。

这时候，才体会马丘比丘的伟大，走完整个城，已是下午 5 点，该闭园了。出口处有一群放养的羊驼，管理员正把它们往家里赶，又高又萌的羊驼们身后，是那曾经消失过又浮现在世人面前的古城——马丘比丘，幸或不幸？暮色下，它渐渐隐于山中……

三毛和我们的库斯科

之前的旅程，库斯科的下一站是秘鲁与玻利维亚交界的小城普诺，普诺之后，我们沿着的的喀喀湖，穿越国境到达玻利维亚。这两程，都是超过 8 小时的大巴，乘车的都是背包客。

在边境，所有人都下车换钱，办过境手续。一个男孩子朝我们走来："中国人吗？"于是大家聊起来，只说了几句话，我便问："你是南宁人吗？"他吃了一惊："你怎么知道，难道我的'南普'？"我笑着接道："很标准，但也只有老南宁才能听出来。"

在遥远的地方遇到老乡，尤其 Jason 说正在度自己的 Gap Year（间隔年），将要环球旅行一年时，我对他此行兴趣大增。换车过境后，我们坐在一起，聊起他的宏伟计划，原来他打算南美旅行半年，然后回国稍作休息，再继续旅行欧洲和中东。此行终极目标是南极，因为已买好船票，所以这几天要往阿根廷赶。聊到库斯科，他说非常喜欢，可惜时间不够。我好为人师的毛病又犯了，说：

"既然有一年的时间，为什么不在喜欢的地方呆久一点呢？"

"嗯，其实我不是第一次出来旅行，有些风景已见过，不感兴趣就不多耽搁了，还是想尽量去些没去过的地方。"他说。我想了想，没再说什么。

"你喜欢马丘比丘吗？"我突然想起。

"喜欢。我去那天，应该是你们离开后一天，"他掰着手指算了算，"刚下过雨，还有些雾，但天气已经好转。"顿了顿，他说：

“刚开始我也是跟着人拍拍拍，后来，拍够了，坐在梯田的田埂上。慢慢地，旅行团走了，整个城静下来，人心也静下来。坐了很久很久，感觉很棒。”

我心一动，问：“你看过三毛的《万水千山走遍》吗？”

从库斯科到普诺的大巴上，我把这本书重新读了一遍。要不是北京同伴是个三毛迷，带着这本 1984 年版的书旅行，我几乎忘了，《万水千山走遍》写的是三毛的南美。那一天，大巴晃得厉害，大家都有点晕车，我戴上耳机，窝在靠枕和大椅子里，慢慢的，不适消失了。我翻着这本书，因为儿时对三毛太熟悉，长

□ 车窗外的风景

大后又忘得太彻底。许多字句重新敲在心上，既为三毛的往事，也为她在南美经历的一切，眼泪一次次擦掉又涌出……窗外是一望无际安第斯高原的蓝天和白云，干净透彻，车子轻晃着，我只希望旅程没有尽头。

“啊，这本书我下载了，还没看呢！”小伙子说。

“你知道三毛在马丘比丘，曾经像我们一样，静静地坐在田埂上吗？她见到了很多鬼魂，预感到回程火车的灾难，后来果然碰上百年不遇的洪水，很戏剧化的经历。”

从马丘比丘回库斯科的火车票，我们只买到头等的，要 98 美元。这让此程穷游的我们心疼了好一会儿。但是，车厢欧式的奢侈舒适服务，能感觉到马丘比丘旅游业的成熟。一车厢都是欧洲银发老人，不像去程时，韩国大妈的腿一直顶着我的膝盖。两小时的车程居然供应小食饮料，车厢服务员美女帅哥还奉献了一场时装秀。对面一对美国老夫妻，刚退休，女儿在拉巴斯工作，所以他们趁此机会周游南美。美国大妈热情洋溢，大叔气质很好，静静地看着窗外。吸引我的，就是窗外那无法用言语形容的景色！青山如此贴近，看不到山顶，与车厢的距离似乎只有那条奔腾的乌鲁班巴河。河水落差很大，涛声汹涌，火车与河水一起奔腾，两岸青山如黛。我们惊叹连连，突然感觉这风景，只有金沙江两岸可以比拟，这水，像极了虎跳峡一段，浑黄湍急。

“三毛从马丘比丘返回库斯科的路上，大雨已经连续下了几天，火车勉强开通。只走了 1/3，洪水便漫过铁轨，火车被迫停下。等待了很久车站一直无应对措施。人心惶惶，场面混乱，三毛果断决定下车，同车厢一对印第安母女在她的带领下，跟随有车来接应的旅行团，强行挤上大巴，她自己上车不算，还要求团队带走更多滞留拥挤在大巴周围的当地人，和导游发生争执，几乎被人扔出车厢。满车厢人不敢得罪导游，无人声援，最后一位男士挺身而出，和她一起跟导游斗争，终于让车厢塞满恐慌的人们，离开危险之地。那个深夜发生的一切，像一场战斗，令人不敢相信。注释里放了后来的新闻，当天，有 30 人在水灾中失踪。”

□ 三毛的书

三毛写南美，其实是命题作文，当年出版社赞助她旅行南美，以书“抵债”。她足足走了半年，不是把每一天都写下来，而是游历，生活，等待故事和灵感自然发生。她虽然有一个助手，到哪却都尽量乘汽车，住便宜的旅馆。30 年前的南美，还很落后，她遇上不少刁民恶俗，当然也收获善良和感动……她的书有强烈的艺术创作在里面，却也是亲身经历的提炼。

“因为雨季和高反，她在库斯科停留了一个月，遇上了同样因高反差点流落街头的安妮，那个美丽而忧郁的空姐。三毛邀请她和自己分享第一次住的五星级酒店，却不问她为什么忧郁，一起住了几天后，空姐留下一封信，离开了，她虽然没有说出自己的故事，却认定三毛已经了解，感念她们前世有缘。还有那个落魄的本地音乐家，广场卖票，无人捧场，三毛不忍心，买了三张。结果，整个剧团面对她认真地演出了一晚，艺术家为她演奏了最后一曲，告诉她，坚持了太久，家人已无法忍受，今晚过后，剧团就解散了，他将彻底放弃对艺术的执着。”

在库斯科广场徜徉时，望着长椅上歇息的本地人或游客，总是想起三毛遇上的安妮或艺术家，滚滚红尘中，他们的人生如此平凡，在三毛笔下，却那么真实生动，令人心疼。

“啊，太有意思了，回头一定好好拜读。”小伙子听我讲了三毛在库斯科的故事，不禁感叹。然后接着说，“在库斯科古城，我住的是一个家庭旅馆，老板和老板娘有一个女儿，只有她懂英文，所以我只能跟她交流。有一天回到旅馆，看到她，我叽里呱啦说了好些话，交代洗衣啊清洁啊，她父母在旁边一直笑，说，这不是她，是她姐姐。我啊了一声，真的吗？不敢相信。可是过一会儿出门时，发现他们一家四口坐在那吃饭，果然是姐妹俩，长得真像！”

我们哈哈笑起来，独旅的人故事多。

回国两月有余，还时时收到 Jason—— 我的南宁老乡，在南美旅行的微信，他去了南极，这会儿到了加拉帕格斯，深潜中终于见到向往已久的锤头鲨，一种太平洋加岛海域独有的鲨鱼。为了这次旅行，他卖掉了珠海的房子，决定回南宁生活。“也许开家咖啡馆，也许做点小生意，什么样的生活不可以呢？”我佩服他的勇气，自己年轻时无法做到如此决绝，但是，至少我仍在路上，这是真正旅者的信仰。这两天，他到了哥伦比亚，在咖啡园里学习采摘烘焙咖啡。我笑着鼓励：好好学习，回来一起开咖啡馆。

大巴晃到玻利维亚，我毅然买了 20 号返回库斯科的机票，决定把南美之行的最后一星期，都交给库斯科。

重返

库斯科的闲适时光

第一次在库斯科，我们只待了两日，主要为了去马丘比丘和办玻利维亚签证。古城里许多可以品味的地方，比如那些星罗棋布的小巷，每一条似乎都有故事。可我们只是匆匆一瞥，离开时甚是遗憾。重返库斯科后，打算把武器广场四面八方延伸出去的每一条路，都用脚细细丈量。

11 世纪印加帝国初期，就已经有库斯科这座城了，后来几经磨难，1670 年，西班牙人在大地震后的废墟上，重建了现在的库斯科，他们没把残留的神庙和古城墙完全销毁，而是在此基础上再建巴洛克式的教堂和修道院，所以，库斯科古城是两种文明两种建筑风格交融的城市。

第一天早晨，我沿着小路，爬到古城最高处的小教堂，这个教堂并不出名，但却像保护神，静静地守护着整个古城。钟楼应该是制高点了，我从窗口俯瞰全城，广场上的人声、音乐声随风传来，清晰可闻。

□ 远眺库斯科城

□ 古城街景

下山时，拐进一条幽静的小巷，墙和窗框刷着不同的颜色，阳光下鲜艳耀眼。正欣赏呢，身旁走过两个白人男孩，其中一人抱着个乐器盒子。不知谁先 say 了 hi，他们问我：“你在找住的地方吗？”我还没回答，他们停在一家客栈前，说，“这是我们住的客栈，主人是很好的本地人。”我看了看招牌，很有艺术感。我不需要客栈，倒是对他们手上的乐器感兴趣，于是我指了指他的大盒子，“这是琴吗？”那男孩听了，大方地打开盒子，取出乐器，原来是印第安箫，他放到嘴边，一阵低沉悠然的旋律，自箫中游出，霎时惊艳。店主闻声出来，是个当地的女孩，问我是一个人？“很可惜，我们只有 4 人间。”也就罢了。他们说常在武器广场演出，我说那好啊，期待再见，便意犹未尽地道别了。

漫无目的地晃到印加博物馆的附近，碰到一个摆摊的艺术家，他用尼龙绳编织项链和手环。这种编织法很早已在大理流行，据说就是流浪艺术家从南美带来的，因为大多用南美的各种石头做坠子。有几款我相当喜欢，于是干脆坐下来聊天。艺术家英文不太好，靠几句简单的西班牙语和英文，加手势，知道他是本地人，除了摆摊儿，也在网上卖自己的产品。他的五官很像亚洲蒙古人，宽阔的鼻子，皮肤比普通印第安人略黑，也许是高原阳光晒的。

行走在秘鲁或玻利维亚，身边的环境基本没有违和感，因为觉得自己和周围的人长得很像。其实，印第安人属于黄种人，甚至有研究猜测，他们是中国人的后裔。如今，中南美许多国家，包括原来属于印加帝国的哥伦比亚、智利和阿根廷，都是白种人占一大部分，只有这些国家印第安人数量最多。南美洲，毋庸置疑是印第安人的家，但经过欧洲殖民者的杀戮，已几乎绝迹。像澳大利亚新西兰，已经找不到从前的土著了，那片土地的主人，已经彻底消失了。多么悲哀的现实！而在这里，你还可以看见褐色皮肤，大眼睛，宽鼻阔脸的主人，真是值得庆幸的事。

因为信用卡出了问题，口袋里只有几百索尔现金了，但我还是花100索尔买了一只水晶银手镯。买了漂亮东西心生欢喜，下阶梯的脚步都轻快很多。路中间有两个年轻的男孩在拍照，仔细一看，竟然是中国人。忍不住搭讪，原来是北京人。其中一个男孩戴着印加风格的项链，鲜艳醒目，我们俩忍不住互相夸奖了一番。

他们昨天到达库斯科，因为停留时间短，忙着办玻利维亚签证，没好好休息，两人都给高原反应撂倒了，吐了一整晚。好在高原反应只需要休息，适应。这不，早晨的阳光一晒，他们又满血复活了。目前来南美玩的中国团还不多，一般都是几个朋友结伴，做了攻略自助游。所以大家的行程大同小异，比如都知道不要在国内办玻利维亚签证，使馆效率低而且程序复杂，到库斯科办方便很多，只需交30美元，把事先准备好的文件递上，等几分钟，审核完毕，大使和你握握手，签证就交你手上了。我们去那天，大使还愉快地和我们合影。同时办签证的，几乎都是韩国年轻人，继日本人“占领”南美多年后，终于到了韩国人的时代，但未来，肯定是中国人的天下。

自助游的人熟悉起来很快，他们问了我好些在周围游玩的问题，反正闲着也是闲着，我一一解答。跟他们聊了好一会，才下山。后来被现金问题困扰，我突然后悔，当时怎么没想到用微信跟他们换点现金呢？但是再也没偶遇投缘的中国人。

一早上就这么悠闲地过去了，没有时间的压力，像是辛苦旅行后的度假，真是奢侈。

□ 当地艺术家

青旅里的年轻人

回到旅馆 Kokopelli，那些长期旅行的年轻人，闲散地待在旅馆各个角落，自得其乐。

第一次到库斯科时，两位北京的同伴和我们住不同酒店，各自安顿好后见面，他们兴奋地说，我们住的地儿太好了！晚上去参观，原来是个青年旅馆，但并不简陋。靠近街边 1 楼是前台，2 楼是酒吧，推开酒吧的门，音乐震天，年轻人打桌球，喝酒聊天，气氛热烈。而朋友住的两人间，在两进院的最里面，完全听不到酒吧的嘈杂。客栈分男女生宿舍，典型的青旅。走廊散放着些沙发床，白天，阳光从天井照射下来，年轻人们瘫在沙发床上看书、玩手机、聊天……墙上是许多有趣的涂鸦。决定重回库斯科后，我第一时间就订了这里的房间。

旅馆的活动墙上写着今晚节目：卡拉 OK 和 Happy Hour。昨晚好像是女士夜，可以免费一杯鸡尾酒。犹豫着没去喝一杯，今晚无论如何要参与一下。

9 点左右，到了酒吧，据说电视坏了，组织者正忙着修机器，估计卡拉 OK 没戏了。这可不会阻挠年轻人的玩兴，三三两两的帅哥美女，已经喝起来。吧台里几位 Bar Tender 都是漂亮的金发女孩，忙得不可开交。虽然是客栈的酒吧，但一个人来喝酒，还是有点尴尬。我问收银女孩，我没有现金了，可以签单吗？她爽快地答，没问题！喝什么？嗯，先来一瓶秘鲁啤酒吧！吧台边坐下。坐吧台的好处是，没话说可以跟吧员聊聊天，欣赏她秀鸡尾酒的手艺。

旁边来了一个女孩，身材娇小，也是一个人，她冲我笑了笑后，坐下。没想到她是德国人，长得不像。不出意料的是，她已旅行很长时间了，在秘鲁就待了 4 个月，之前阿根廷和智利，接下来往北走，去巴西。青旅里，多是长期旅行的人，只走了一个月的，都不好意思说自己在旅行。这就是青旅对我致命的吸引力，一群志同道合的年轻人，流浪了许久，短暂相聚一起，怎么能没有故事呢？ 这些年虽然渐渐受不了青旅的热闹，可

□ 青年旅社

□ 气氛热烈的酒吧

□ 鸡尾酒 Pisco sour

是遇上 Kokopelli 这样的“精品青旅”，还是想重回年轻时光。不是因为客栈更豪华舒适了，而是始终无法拒绝那种“地球村”的气息。

第二杯，我选择了吧台女孩推荐的 “Pisco sour”——一种由秘鲁“国酒”Pisco 为基酒做的鸡尾酒。因为加了青柠汁，所以味道极具诱惑性，在利马，我已浅尝过它的厉害。“Happy Hour 哦！”女孩痛快地给我上了两杯。我推了一杯给德国女孩，你来吧？她笑笑，“里面有鸡蛋白，我不能喝。”原来她是素食者。她点了杯不知名的酒，喝了一口，似乎不太喜欢。

这时，音乐声更大了，大伙儿兴致越来越高，吧台的女孩们越发忙碌。不知何时，多了个帅哥增援，女孩们终于可以喘口气，给自己做杯酒了。她们豪爽地喝着，麻利地干活，吧台就像个战场……半杯 Pisco Sour 下去，我有点恍惚了，这酒果然厉害，旁边女孩说什么，好像听不明白，只是傻乐着。

酒吧开始升温，女孩儿们爬上了吧台，场面一下子沸腾了，大家早忘了什么卡拉 OK 大赛，随着音乐，随着女孩们的扭动，全场嗨起舞来。那一刻，我也成了空气里的分子，袅袅上升，融入热烈的气氛里。

第二天醒来，我完全忘了自己怎么回到房间里的，似乎第二杯酒根本没动，最后一刻，理智拽着我，挪回房间，爬上自己的床，希望没有刻意走猫步。

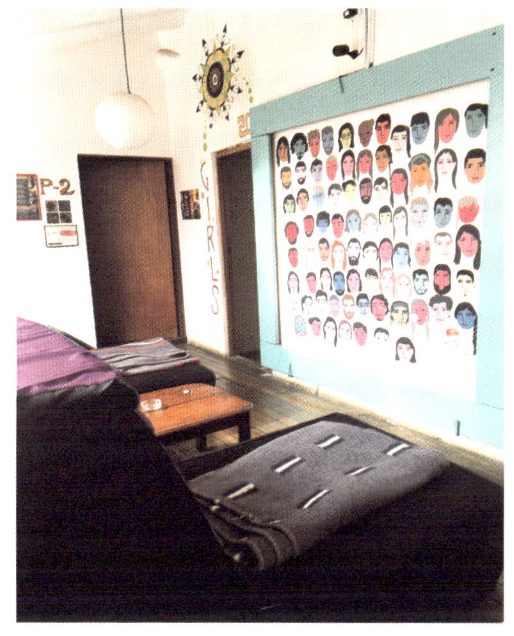

□ 青旅一角

早餐时，碰到昨天收银的女孩，我问："昨晚折腾到几点？""一两点吧！"她说。我顺口道："那起那么早，不睡个懒觉？""得上班呀！"她笑着道。"什么，今天还得上班？！"我很诧异。她迎着我的目光点点头。我知道，客栈的工作人员，大多也是旅行者，他们用打工换吃住，为了待得更久一些。其实，这些年轻人家境并不差，但 Gap Year 旅行是他们锻炼自己的方式：旅行，打工，继续旅行……吃过人生这一段苦后，对生活和世界的看法会有所不同。也许，他们并不觉得苦，交到朋友的快乐和经历的丰富，弥补了身体上的苦。

在我的旅行生涯里，一直期待遇上更多独旅穷游的中国年轻人。遇上了像 Jason 那样的，我会特别开心。虽然旅游（包括国内外游）在国内成了时尚流行，可穷游的方式仍然没成气候。有时在一些豪华酒店碰上国内的年轻人，很奇怪他们为什么如此年轻，就如此奢侈？因为，住青年旅馆的旅行和经济条件没有必然关系，像乔布斯这些人，年轻时都这么历练过，这是一种只属于青春的旅行观念和姿态。没有经历过穷游这一阶段的旅行人生，似乎有点遗憾。

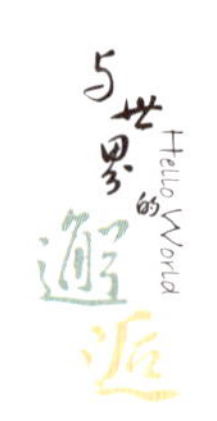

圣布拉斯区的艺术气息

上次在热水镇遇上的中国男孩 Vincent 推荐了一家酒店式公寓，据说在山上，视野好，清静，房间和服务一流。我想一个人静静地度过库斯科最后两天，于是就搬到了这家新酒店。

酒店附近有个不起眼的圣布拉斯教堂，最后一天，我在这里闲逛，意外地发现很多有趣的小店和餐馆，以及旅居在库斯科的艺术青年。他们靠制作手工艺品，创作音乐或绘画为生。小店里出售的产品， 比山下旅游品商店里精美得多。尤其是毛线帽，各种各样可爱的帽子，让人爱不释手。那时我已解决了现金问题，一边买买买，一边为我那几乎要撑爆的箱子担忧，不断告诉自己，够了够了！但我知道，回到国内，肯定后悔，当时怎么没买那顶小帽呢？

原来这是库斯科最波西米亚的圣布拉斯区 (Barrio de San Blas)，年轻的艺术家和嬉皮士令我想起大理的艺术青年们，但我不得不说，这里的独立设计师及他们的作品，比大理丽江的水平要高很多，他们的创作，让库斯科城的新旧文化有了交融和延续，令古城的生命力更强。这些，正是丽江和大理所缺乏的。从前，这两个地方，是有望成为更有艺术感的小城的，可是，资本的介入，生活及经营成本的急剧升高，逼走了不少真正有创造性的艺术家。一个有内涵的城市，只靠那点“名胜古迹”生存，是不可能永续的。

这几天我一直问自己，为什么喜欢库斯科？在我的旅行史上，同一次旅行中重返一个地方，还是第一次。走在光滑的青石板路上，我突然觉得它有点像早年的丽江。2001 年，第一次去丽江，住在纳西族杨阿姨的家里，每天爬到山上凉亭，听暮鼓晨钟；路过小店，驻足欣赏店里男孩的古筝弹奏，听得怔了……那时的丽江，尚存库斯科的古朴、安宁和从容。

临走前晚，在一家小餐馆吃意面，店里只有一个白人女孩。她来自洛杉矶，七年前第一次来库斯科，就爱上了这座小城。这一次，她打算待半年。她靠给一家网站写旅行文章为生，过两天，就前往马丘比丘路上的一个村庄，做英文老师。这么巧，她的男朋友在中国宁波，也教英文。每次遇上这样的青年，既欣赏又佩服，欣赏他们活成自己喜欢的样子，佩服他们跨越千山万水，在“地球村”里没有界限地生活着。

每天清晨，吃完丰盛的早餐出门，从不同的小路下山，经过老嬉皮开的meditation工作室，漂亮庭院的家庭旅馆，设计师服装店，Jack咖啡馆……晚上，从便利超市买回面条和蔬菜，在公寓里做饭，再泡个盐浴，听着音乐，写写东西。我很庆幸自己重返了库斯科，看到了库斯科更多的面貌，而不是一个匆匆的过客。也终于找到，古城吸引世界各地人们的最主要原因。

短短四天，我像在这里住了好多年，仿佛把这遥远国度的小城，住成了自己的家。

□ 山上的艺术家和商店

□ 各式各样的帽子

十年欧游杂记——我和船长的旅程

2012年，12月3号是船长的生日，在我说Happy Birthday的前夜，不知怎的我们的话题又绕到了婚姻，他最后一条短信写道：对你是不尽的喜欢，我只是不能承受婚姻，我是个可怜（poor）的船长。过了一会，我不知是安慰自己，还是安慰他地回复：你永远是我的朋友。

其实，相似的话题我们一年谈一次，从泰国相遇时面貌仍然中年的他，谈到如今他看上去有点儿像北欧童话里的老头儿。船长是个对自己很好，心态平和的人，不会因为心理的突然变化而衰老。我只能相信过了50岁，男人不可避免地开始走向衰老。而我们的感情，离世俗的开花结果，好像总差那么一段距离。这距离当中，掺杂很多复杂的因素。

也许，这是人们一生恋爱必经的一课吧！在一份感情的纠结中，渐渐长大，成熟，学会相处的艺术。我和船长相识于2010年，当年我第一次去欧洲，此后三年我们在欧洲各地旅行，2012年我决定跟这段没有结果的感情说再见。之后好些年，彼此经历了一些事，但我对欧洲的迷恋从未消失。2018年，再度开启我们的“吉卜赛”之旅，直到现在。欧罗巴和船长的魅力，促使我在这十年间，陆续写下我们的欧游故事。

2012

自北向南穿越：法南、希腊

艳阳下的法国南部

2012年6月，我开启了当年有点疯狂的旅行计划，打算在欧洲待一个月左右，然后飞到非洲和几个朋友在肯尼亚会合，参加大草原safari之旅。这是我第一次在国外，从一个大洲飞往另一个大洲，似乎检验我签证含金量的时候到了。

6月初，先飞到荷兰。这是我最接近荷兰麦肯霍夫郁金香花田一年一度花期的一次，可惜还是因为手头项目的拖延而错过了。在船长的家乡Wessem待了几日，待他处理完工作，我们从荷兰出发，向着希腊奔去。

每年6月到9月，是船长固定的希腊航海假日。他有一条游艇，存放在Engina岛，希腊海岛之于他，就像云南高原之于我，是另一个家，也是心灵最欢喜的地方。2010年第一次来欧洲的时候，我们就在希腊航海了10天，然后从南向北自驾回荷兰，这次，我们则是自北向南。

因为认识船长和Jogy几个欧洲朋友，令我的欧洲游和大多数人不太一样。他们总是带我直接去到最心仪的度假地，尤其船长，他不喜欢城市，喜欢乡村和大自然。有时每个国家我们只停留一隅，对渴望了解这个国家全貌的我，不免留下些遗憾。

所以今年，我只打算跟船长一路向南，自驾到希腊，然后他们开启航海假日，我则独自前往梦寐以求的古城雅典和罗马，这两个欧洲文化的传奇之地。

6月，正是欧洲大陆风景最美的季节，我们将越过阿尔卑斯山南下。上回北上是从意大利北部上山，9月的山顶居然下着大雪。为了和上次路线有所不同，我们走法国一线的阿尔卑斯山。

经过阿尔卑斯旅游胜地Chamonix的时候，雪景还是把我震撼到了。车子行驶在山间，放眼望去，蓝天下，白色的山峦一座连着一座，阳光耀眼地照着。不得不惊叹于阿尔卑斯山脉的雄伟和宽广。

我手里拿着一本《法国》旅游书，上面介绍阿尔卑斯山最高峰Mont Blanc，书上翻译成蒙巴龙，其实就是勃朗峰，就在这一区域。可是云深不知处，却不知哪一座才是，也许藏在绵绵群山中，也许近在眼前。我们没打算在此停留，船长刻意地避开这些著名景点。

但我发现了一个有趣的信息，著名的钢笔品牌万宝龙就是这个单词Mont Blanc，钢笔顶端那朵白色的梅花标志，就是Mont Blanc山顶皑皑白雪的象征。

车子穿过巴黎时我们也没停留，行程两日，终于到了阳光灿烂的法国南部，空气里袭来夏天的味道。船长是个美食家，有两个国家的美食深得他的青睐，一是瑞士，二是法国。“瑞士美味但很贵，法国的美食……嗯嗯，随便一个路边的小摊都好吃！”见到阳光，船长的心情格外喜悦！一边说着，一边把车子拐到路边一个小餐馆外。

一进餐馆门口，就看到中央一把大铡刀，吓我一跳。待我们坐下，店家大叔的操作更吓人，只见他拿着一条长面包，咔嚓咔嚓，切成面包片，分到几个碟子里，等菜的客人每桌一份。这家馆子是吃什么的呢？我正好奇四处张望。过来个大婶，船长用他慢吞吞的法语交流起来，不一会点好了菜。他告诉我：“这里不是大餐馆，每日套餐固定的，咱们将就吃个午餐。” 菜上得很快：沙拉，有些鸡肉，配面包。看上去非常简朴，可是，一口下去，沙拉非常可口，面包估计是店家新鲜出品，非常有嚼劲。“不错吧！？”船长看着我，我点点头。配上一杯白葡萄酒，爽，旅途的暑气，随着美食落肚消散了。

□ 刚采摘的樱桃

我和船长最大的默契就是吃。他爱吃，会吃。我呢，既可以跟着他吃昂贵的大餐，也可以将车子停路边，用小冰箱里剩的番茄黄瓜做个简单的沙拉，然后两片硬面包打发。我们这次开的，是一辆奔驰送货车改装的小房车，比较简陋，但mini炉灶可以煮水、咖啡，弄个方便面什么的。自从发现我偶尔会思念方便面后，船长的小冰箱里总会备着一两包。

在法南，我们尽情享受着大自然的美好。中午，我们在苹果树下野餐，从超市买的面包配上船长经典的希腊沙拉，阳光下，吃着新鲜简单的午餐，苹果围着我们笑。车子经过樱桃园，刚刚采摘的樱桃5欧元一大盒，那个新鲜甘甜啊，吃到停不下来，后来再没吃过这么鲜美的樱桃。法南的天太美了，云彩一朵一朵的，非常立体，眼前的大路敞亮透明，心情飞扬。

在多数人心目中，法南出名的就是普罗旺斯的薰衣草田，导航把我们带到了一个薰衣草博物馆，里面转了一圈，倒是分清了几种不同的薰衣草名字。可是我拿着国内攻略推荐的地名，问博物馆的女孩在哪？她居然摇头不知。船长不明白为什么我一定要找到薰衣草田，说实话，还不是虚荣心在作祟？一定要在紫色的世界拍上照片，才算来过法南啊，即使当时微信还没火起来，晒微博已经流行了。

□ 法南小镇

□ 薰衣草

其实，法国南部的魅力，并不止薰衣草。著名的英籍作家彼得·梅尔，一直旅居法南，他写的《普罗旺斯》系列，把日常的小镇生活写得有滋有味。在寻找薰衣草田的过程中，我们遇上了两个小镇，一个在山顶上，有家泰式风格的度假酒店，可以登高望远，船长很喜欢，决定住下。艳阳高照，我们在小镇的露天小馆吃简餐，船长点了一款番茄加水牛芝士的沙拉，新鲜漂亮，很搭法南炎热明亮的午后。

另一小镇就在公路边，我们住进镇中心的家庭旅馆，门口正对着中心喷泉。安顿好后，我们就在楼下的餐馆用餐。夏天的黄昏，喷泉周围聚集着闲聊的居民，远处，坐落着村庄小小的教堂。饭后沿着葡萄园散步，路边生长着肆意的罂粟花……这些，也许才是普罗旺斯的灵魂。

正当我们准备放弃寻找薰衣草田时，却意外地和最美薰衣草相遇了。车子从小镇驶出后，我们继续南行，连绵的紫色世界突然出现在眼前。船长把车停在一条支路上，看着我和 Bella—— 船长刚领养了半年的小狗，欢快地朝田里跑去。哇，我边跑边用手轻抚着麦穗一样的薰衣草花朵，阵阵花香从指尖传来。微风拂过，一簇簇的薰衣草随风摆动，像在演奏一首交响乐。远望去，一条条的花田，像厚厚的地毯，最远处站着一棵小树或一座小房子，真的跟画一样……我拿着单反机，上下远近，360 度地留住了薰衣草的各种姿态，心满意足。船长虽然不像我那么兴奋，看到此情此景，也陶醉在阳光和紫色当中，他应景地拿出一瓶白葡萄酒，我们就在花田中干了一杯。

在南部，我们还造访了阿维尼翁，因为一年一度的国际戏剧节，这个城市现在非常出名了。乌镇艺术节，据说就是效仿阿维尼翁而策划的。当时正是戏剧节的前奏，街上有人派发海报，大戏马上开场的感觉。阿维尼翁在 14 世纪曾住过 7 位罗马教皇，皇宫和古城墙都保存完好，拥有旧时贵族的大气和典雅。

来到法南，大家都会想起凡・高。所以，我一直希望去阿尔勒，凡・高生活过的小镇。船长满足了我的愿望！这个城镇比想象中要大，凡・高油画中的露天咖啡馆原址上还按原样布置着，当然已物是人非。这个小城到处是有情调的咖啡馆，我们常常流连其中，在午后的阳光下，体会当年凡・高对阿尔勒的情感。

□ 凡・高的咖啡馆

在阿尔勒，我们品尝了一次正宗的法国大餐，就在下榻的恺撒——古堡一样的酒店里。我们挑选了阳台的露天位置，这样，可以欣赏夕阳一点点落下的傍晚风景。开胃菜，小食，每一道都花费很长时间等待，法式大餐的风格。于是我们喝了很多酒，主食船长点了法国菜著名的鸭胸肉，摆盘精美，可惜我不吃鸭子，点了鱼，味道上乘。特别的是，餐后甜点之后，居然又上了丰盛的奶酪（cheese），我第一次见到用小推车送上 cheese，一大盘，品种繁多，随意挑选。我一向不太喜欢 cheese，这让我在欧洲错过很多美食。因为这个，我也不太理解为什么法国人用 cheese 配红酒。但是侍者（waiter）每款都切割了一点点，给我们品尝，感觉有一两款味道不错，含在口里，奶香醇厚而不浓烈，一口红酒喝下去，就像在舌上跳慢舞，丰富的口感久久不散。也许我们今天点了两瓶 waiter 推荐的好酒，他的服务格外殷勤。夜幕降临后，晚风吹拂，醉意醺然，身心愉悦……终于理解，为什么说法国人是世界上最会享受的人。

□ 法南美食

与爱琴海的短暂接触

路上慢慢游玩了十几日，6 月 20 日才到达希腊。因为第一次到希腊航海时，没去成那些著名的爱琴海小岛，这次无论如何要去一个，我选择了圣托里尼岛。圣托里尼，包括“最著名观日落点”的奥亚岛，因为矗立在蓝色的爱琴海上，岛上建筑蓝白相映的浪漫而闻名世界，是许多恋人度蜜月的首选地。

船长把我送到雅典港码头，我们短暂分开，我前往圣岛，他回到 Engina 岛做航海前的准备。

独自坐轮渡前往圣托里尼岛时，我认识了当地人 George，因他的推荐，只花 30 欧元，住进了拥有大泳池的一家民宿里。主人淳朴热情，每天给我送来甜如蜜的李子。George 介绍我认识了他的女朋友 Lisa 和他们漂亮的儿子，小家伙的眼睛简直像爱琴海一样蓝。Lisa 更是大方豪爽的女孩，他们一家三口带着我，白天开车去黑沙滩畅游，感受爱琴海清凉而温暖的海水；晚上去朋友开的酒吧里畅饮，对我一个陌生人极尽地主之谊……在圣托里尼，我度过了非常愉快的 3 天。确实，每一次独旅中和陌生人的邂逅，总给我留下特别美好的回忆。

□ 和 George 一家在黑沙滩

□ George 和他的儿子

□ 圣托里尼

□ 圣托里尼夜景

□ 奥亚岛上的酒店

总有一天，我还会再次光临爱琴海的岛屿，因为它们孕育了人类早期的文明，值得细细品味。如今圣岛已是非常热门的打卡点，相比之下，我还是更喜欢我们在伯罗奔尼撒海域航海时，那些不知名的小岛屿和村庄，更富有希腊本地人的生活气息。

我差点没赶上最后一班回 Engina 岛的渡轮，那天说好一定要碰面的，因为是我的生日。船长和他的好友 Domitri 在码头上等着我，一见面就说："哟，晒黑了，这样好，更健康！"他笑眯眯地递给我几份礼物：一颗装饰在画框里的、整块石头做的心，很重；一朵红色小花的项链；另外还有个包装好的条状礼物。他神秘地笑着，说："回国再打开。"我就知道他开玩笑，果然里面是巧克力，马上就被吃掉了。船长时不时的小幽默和小心思还是挺让人心动的。

我们一起共进晚餐。晚上 9 点才是希腊岛上夜生活的开始。希腊人的晚餐，通常从 9 点吃到 11 点，中间必喝得畅快淋漓，这样的作息不长胖都不行。这段时间正值欧洲杯，每天晚上都有球赛，欢呼声不断从各个餐馆酒吧中传出，让岛上的夜晚更加热闹。

生日的菜式是地中海的新鲜鱼，希腊沙拉，冰镇白葡萄酒……都是我的最爱。正享用着，身后的一桌客人突然唱起生日歌，原来有个外国女孩也过生日，巧了。船长跟他们打招呼，大家知道我也在过生日，纷纷举杯庆祝。餐后居然上西瓜，希腊和中国有太多相像的地方了，古国果然有相似的文化习俗。西瓜切得豪爽大气，每一块都好大。生日吃西瓜，是我在家里过生日的传统。就这样，我在希腊，度过了一个不想家的生日。

□ 希腊岛上美食

离开前两天，船长在法国南部同父异母的哥哥和嫂子来了，他们接下来将一起航海。他这个哥哥非常了得，是英国王室的厨师，退休后在法南买了房子，英法两边住。有一天早上，他给我们做早餐，煎鸡蛋，我笑着说：今天真是女王的待遇啊！船长的妈妈据说也是好厨子，后来他总结，为什么自己对美食痴迷，主要是受母亲的影响，从小家里对吃就比较讲究。

2012年的假期应该是我们在一起最快乐的时光了吧。因为前两年到欧洲的经历，对于我们的关系，对于婚姻，我已不再抱太大期望。我对自己说，暂时放下吧，享受现在。船长也许就是一艘自由的游艇，属于大海，不属于港湾。当我放下，只是愉快地享受我们在一起的时光，两人都非常快乐。

最后，尽管他们极力挽留，但我去雅典和罗马的决心已定。两天后，我登上了回雅典的船。离开Engina码头的时候，一丝伤感袭来，船长似乎也觉察到了，拥着我说了很多祝福的话。船上的我，看着岸上的他，越行越远，在心里，跟他说了good bye。

回国后，我们还是忍不住常常通短信，可是12月他过生日前，我试探性的问题，他给出了那样的答案。回望2010年初我们在泰国的相识，这3年一起度过的时光，也许，2012年的我，对于婚姻，还是看得太重了，以为婚姻才是一段爱情的最好归宿。于是，我狠下心来，决定结束和船长的暧昧，此后3年，我们都没有再见。

但之前两年同游欧洲的美好回忆，从未在我的脑海里消失过。

2011

法国巴黎，荷兰城市与乡村

巴黎奇遇记

午夜惊醒，我在黑暗中想了好一会儿才反应过来，我是在巴黎。看来还是有时差啊，想继续睡，却再也睡不着。昨天发生的一切，点点浮现，我的眼泪差点儿又掉下来。

昨天，2 月 14 日，早上 9 点，我在吉隆坡登上亚航飞往巴黎的飞机，盛装的帅哥美女出现在舷梯上，大家都很惊讶：今天什么日子如此特别？一位穿了燕尾服，戴着狐狸尾巴帽子的帅哥说，这是亚航巴黎航线的首飞！哦，原来如此，和他合了影，高兴地发了条短信给船长说：登机了，巴黎见！

机上空姐穿梭着，面带喜庆的微笑，亚航的 CEO 也光临了。起飞后，空姐给大家派精美的点心和巧克力，几乎让人不敢相信，这可是亚航啊，全球最大廉价航空，一个什么都要付费的公司。我和身边一位马来西亚阿姨忍不住调侃起亚航的各种抠门事儿。

一路上都很轻松，旁边的一对韩国小情侣抢到了首航的折扣票，到巴黎度假 4 天，在紧张地做功课。阿姨全家要去巴黎和伦敦，她儿子女儿也在忙碌查资料中，我则庆幸船长在巴黎等着我呢，无须操心。

到了巴黎，居然有大批记者等候，VIP 们接受采访，巴黎的帅哥美女夹道欢迎，“爱的航线”——庆祝 2 月 14 号情人节亚航首飞巴黎成功，一片欢腾。

我被这欢乐感染着，打开手机，跳出的短信却让我笑容僵住了：“我的护照过期了，不能过境，我已经叫儿子 boy 开车去巴黎，你看是跟他一块过荷兰来，还是先在巴黎待几天？酒店我已订。”

什么？！开玩笑吧？！我顿觉脊梁骨一阵发凉。呆了一会，我发了几条短信：“Boy现在到机场了吗？你的护照多久能办好？”

他回道："Boy 还有 4 个小时才到，护照要 3 个星期才办好！要不你先去酒店？""什么？！我自己去？"我刚刚空降巴黎，攻略没做，酒店订单也没有……想到自己突然被抛弃在一个陌生的国家，人生地不熟，我忍不住又生气又委屈。3 个星期，意味着船长接下来根本来不了了。没有他和车子，计划中的法南和意大利，都要泡汤了！我该怎么办？……脑子不停地环绕着这些问题，一路的欢乐都消失了！

过了好一会儿，不得不冷静下来：当务之急，是在天黑前赶到酒店。酒店，是一个陌生城市最安全的地方，到了再决定下一步怎么办。我迅速取了行李，拿着船长发给我的地址，到信息台了解怎么去，服务小姐连写带画，我拿着她的路线图上了巴士。

巴士一路驶进市区，经过埃菲尔铁塔，经过许多街道。一路上，我和船长通了几条短信，尽管拿不定主意是跟 Boy 走还是留，但人渐渐平静了。巴黎的建筑，或庄严古老，或现代感极强，但没有压迫感。那些著名的景点突然出现在眼前，却并不张扬，非常平和。窗外的行人，衣着和气质都很匹配这个著名的城市。车子终于到达凯旋门，金黄的夕阳照在凯旋门上，很美，可我却无心欣赏，在大巴司机的指引下，上了出租车，十来分钟后，司机顺利地把我送到了酒店。

还好，酒店有我的名字，顺利入住。这是个老式的酒店，电梯小得只能容入两人，电梯外还有一道门。房间还算宽敞，厚厚的毛毯，打开洗手间，宽敞明亮。

终于到了！我把东西全部卸下，把自己摔在陌生的床上，一路憋着的情绪一下子释放，大哭起来。

船长短信安慰我："一切都在掌控中的，别担心，对不起。"我却无法原谅他！想到这行程原来并不在我计划当中，都是因为他的鼓动，才神经兮兮买了亚航的票，还恰巧情人节！也许，骨子里我还想给自己和他一个机会吧？可这么好的动机，这么美的时机，到最后居然一场空！？我是今天全世界最倒霉的倒霉蛋了吧？！巨大的伤感把我笼罩着，我无法思考，只有伤心地哭！我发了条短信给他："我恨你！"

不知哭了多久，窗外天已黑了。快 8 点了，Boy 应该到了。其实，何苦又让他跑一趟呢？也许船长也很着急担心吧，在他眼里，我在欧洲只认识他，他要负责的。我心里不知出于对船长的怨气，还是害怕改变行程的麻烦，已经倾向留在巴黎。8 点，门铃响了，Boy 来了，希望他没看到我哭肿的眼。他交给我一份文件，是酒店的订单和预订的车票，我有点失望："就这个？"我让他住下明天再回，他说："不了，如果你决定了不去荷兰，我要马上赶回去。"啊！我有点过意不去，赶紧带他出去吃饭。

他选了附近一家日本餐厅，我们边吃边聊。他 23 岁了，又高又帅，单纯老实的孩子，其实他和船长没有血缘关系，是船长前妻以前的孩子，但一直情同父子。他很 Open，跟我聊了他妈妈，最小的弟弟 Sammy（船长的亲生儿子），当然还有他老爸 Peter，显然他很清楚我和船长认识的整个故事，对船长这次的乌龙事件也很抱歉，和他聊完后，心情好了不少。我们走回酒店时，街上很冷，他突然想起什么，“呀，差点忘了！”走到停车的地方，从车后座拿了一枝玫瑰出来！“我爹给你的，”他说，“我要忘了他非踢我屁股不可！”我恨恨道：“我倒很想踢他呢！”

送走 Boy，看着这枝鲜艳的玫瑰和空落落的屋子，我的眼泪又涌了出来。

说实话，我也不能理解自己为什么选择孤独地留在巴黎，不马上跟 Boy 去荷兰。后来我问过朋友小叶子：如果是你，会怎么办？她毫不犹豫地说，去荷兰啊！这让我不禁琢磨自己的心态：是因为实在想游法国？还是心里的小恶魔作怪，借此惩罚他？

接下来的一天，我像患了自闭症一样，什么都不想干，因为我从没想过要一个人游巴黎！船长来短信道歉：“希望你昨天睡好了，我真该死，让你一个人在巴黎……”我还在控制不住地生气。我以自己莫名的某种标准，宣告了和他的无缘。

傍晚终于走出酒店，在附近的圣心大教堂散步，突然收到朋友郭先生的短信，说他到巴黎了，要不要去见见他的当地朋友？这短信给我的独旅带来了信心，我跳上了地铁。巴黎的地铁非常方便，指示清晰，倒了 3 趟车，先 2 号转 12 然后 14 号，顺利到达了巴黎的另一面——13 区，大家都说我不像第一次来巴黎的样子。意外的，这是一大桌子华人的晚餐，似乎还有不少大人物。我虽然不太喜欢这种场合，但是，由此认识了一位 G 大哥和他的一圈好友，让我的巴黎之旅和想象的不太一样。

□ 巴黎地铁

□ 达利博物馆

认识了当地朋友，我的陌生感消失了，接下来的两天，我开始探索巴黎……我所住的蒙马特高地，在 19 世纪末 20 世纪初，是包括凡·高、毕加索、高更等大批艺术家的聚集地。红磨坊离我也不远。攻略说附近有个达利博物馆，我倒了一站地铁，上来冒雨走了好一会儿才找到。结果发现，博物馆就在我酒店后面！就在这博物馆，我熟悉并爱上了达利这个天才。

那天临别时，G 大哥叮嘱他的侄子小明——他最近刚退伍回到法国，让我有事尽管电话联系他。逛了两日，有点无聊。所以给小明发了个短信，约他喝咖啡。结果他电话打过来，让我去 13 区，说 G 大哥给了我好几个电话，我都没接，他担心我一个人在巴黎怎么了？我挺吃惊的，但还是很高兴地去跟他们再见面。

G 大哥热情地邀请我和他的朋友一起吃午饭，席间了解到一些他们的来历。他们都是柬埔寨华侨，20 多年前来到法国打拼，经过这么多年，渐渐积累了一定的财富。G 喜好收藏红酒，据说最近刚拍到 1986 年的红酒，只有 14 瓶，中午就慷慨地开了一瓶。

饭后，他开车，让小明陪着，送我去巴黎圣母院，一起游了大教堂。晚上我想回酒店，他却坚持一起吃晚饭，说几个好朋友，有羊腿和红酒，为什么不来？盛情难却，我只好留下来。

□ 塞纳河边

□ 巴黎圣母院前广场

晚餐在 13 区一家小小的餐馆，除了中午的律师朋友，还来了位将军和几个随行。原来 G 老板不仅有钱，也广交有身份和地位的朋友。我把这当成了解巴黎当地人的机会，对所有人都很好奇。

晚餐中，一个明显是“拉拉”的女宾，男装打扮，能讲一些英语，被安排在我对面，小明作陪。由此我也明白小明服役的部队是外国兵团，即法国聘用外籍人士，送到非洲等地服役。据说退伍后待遇很高，很多外国年轻人就以此开始职业生涯。“拉拉”是位军官，跟我聊得高兴，临走时送了我一个列兵的帽子饰品，小明偷偷说：“她很喜欢你”。我笑道：“胡说。”

第二天刚想出门，他们电话又来了，说那天一起吃饭的青岛女孩玲玲，要去 G 大哥家，他的家在迪斯尼附近，难得一起，去看看吧？我有点烦恼了，虽然了解当地华人的生活挺有趣，但似乎卷入了他们的日常，有点影响到我的旅行了，但又不好意思拒绝。一路上，G 大哥谈些自己的光荣历史，伟大艳遇，也有些让人唏嘘的传奇故事，比如，当年他们是如何靠给建造迪斯尼的工人卖盒饭发家的。

G 大哥带我们参观他的大别墅，和他引以为傲的酒庄。地窖里很多酒都布上灰尘了。他突然问玲玲：“你是哪一年生的？”玲玲答：“82 年。”他在酒架上寻找，取出一瓶 1982 年的红酒，递给她：“送给你！”“哇！”玲玲有点不好意思。他又问我：“你呢？”我笑道：“71 年。”没想到他真的找到一瓶 1971 年的酒，豪爽地说：“每个人都有！”我忙说：“太珍贵了，不要不要。”“哎，客气什么？大哥的一点心意！不过，这个酒时间有点长了，不一定能喝，你就当留个纪念吧！”

□ G 大哥的藏酒

□ 《蒙娜丽莎的微笑》画像前

5 天后，我的酒店该续订了，小明强烈建议我搬到 13 区。说实话，我也非常喜欢这个区域，无数的亚洲餐馆，越南米粉尤其正宗，到哪儿都方便，且有朋友照应，于是搬了过来。之后几天，白天流连于各个博物馆，晚上回到安全熟悉的区域。虽然偶尔还是觉得孤单，可是听听音乐，跟船长通通短信，也挺好。船长发现新的经历分散了我的注意力，我已走出失落的情绪，放心多了。

我发现了冬日游巴黎的好处：博物馆人少，外面虽然冷，可是室内很温暖。

我在卢浮宫待了将近一整天，徜徉在那些美好的作品里，第一次对古典主义画作产生了兴趣，那些色调和光的运用，很美，很生动。卢浮宫的镇馆之宝——《蒙娜丽莎的微笑》前，只有十几号人，可以从容地欣赏，据说夏天要排两小时队才能见到真容。

□ 橘园

□ 蓬皮杜

奥塞美术馆是印象派的老巢，在这里欣赏到凡·高的《星空》《阿尔勒的女人》，马奈的《草地上的午餐》《奥林匹亚》，彻底被征服，我发短信给船长说：马奈画的女性身体太美了，那些光，如此 sexy（性感）。

橘园虽小，但很精致，每次看到莫奈的《睡莲》就忍不住欢喜，橘园应该是《睡莲》最大的展厅了吧？这里展出的作品也以印象派居多。

蓬皮杜，建筑本身就是个当代艺术作品。我的游览挺有趣，先古典，后现代，再当代。其实，我这个外行一直搞不清楚那些流派和主义，这回算是摸了摸绘画艺术的脉络。

作为文艺青年，不免要去瞻仰左岸的“花神”咖啡馆，毕加索、萨特和波伏娃流连的地方，感受它的文艺气息。

□ 巴黎花神咖啡馆

□ Laduree 的橱窗

当然我也不能免俗地去逛了巴黎最著名的商业世界。

香榭丽舍大道值得慢慢品味，虽然书上把它形容成巴黎的第五大道，它却没有那种高调的奢华，这就是巴黎和纽约的不同。这条著名的大道上，很多有趣的商店，比如经过一个淡绿色童话般的商店时，我突然想起玲玲姑娘推荐过的 Laduree 甜点店，是不是就是这家呢？

进去一看，好多日本人排着队，他们一定知道什么东西好。橱柜里的点心五颜六色，好美也好贵。法国经典小圆圈点心，当时居然不知道叫玛卡龙，十分诱人，让售货小姐随意挑了 8 个，装成小礼盒。选了一盒巧克力给家人，最后，又狠了狠心，给自己买了个“拿破仑”，一共花了 50 欧元，从没吃过这么奢侈的甜点！

逛了书里推荐的乔治大街和蒙田大道，蒙田有一种悠闲的贵气，店面的装饰比香榭丽舍更低调奢华。走过一家店前，一个打扮入时的男士从我面前走过，非常优雅地说了一声 Bonjour（你好），我也笑着回了他，迷人的香气随着他飘过，比女孩子还精致。

突然发生了搞笑的一幕，在 CD 店前，一个年轻人走过我身旁，突然弯腰，捡起一个金色的戒指，我回头看了一眼，正想，刚才我怎么没看见？只听他在我身后说：“嘿，lady（女士），哇，今天真是你的 Lucky day（幸运日），这是真的耶！”

我听着他中东口音的英文，就像听到了台湾口音的“嘿，猜猜我是谁”一样，彻底明白那是一个骗局，头也不回，心里大笑着走了。我挺好奇：这样的事，怎么会发生在如此奢华的大街上？

□ 凡尔赛宫

□ 凡尔赛后花园

抽了一天时间，去凡尔赛宫。巴黎郊外的风景，出现在很多绘画和文学作品上，真的像画一样，我的心情前所未有地好，因为天天憋在城市里，太向往乡下了。

火车上遇到来自纽约的祖孙俩，老太太开朗大方，说话干脆利落。听说我去过纽约，她很高兴，法国她来过不下 20 次，这次旅行是作为礼物送给小孙子！知道我有两个星期在巴黎的时间，说："那你真是太幸福了，法国南部乡下也特别美。"我说："可惜我这次去不了了，接下来应该去荷兰吧！""阿姆斯特丹，哦，那个城市也非常可爱，大家都骑自行车！"老太太爽朗地笑道。

凡尔赛宫富丽堂皇，园林更美，尤其在冬日微弱的阳光照耀下。静静坐在长椅上，望着远处的枯树、湖水和飞鸟，我突然有点想念船长了。

第二天，买了 26 号巴黎去荷兰的火车票，在鹿特丹下车，告诉了船长。

最后一天我约了住在附近的老郑，G 大哥的朋友之一，他在家里卖一些名牌香水口红，我想买一些送朋友。

我问他为什么这几天给 G 大哥和小明发短信都不回？他反问我："你是不是惹他生气了？他让我们都别理你，不帮你。"我大吃一惊："是吗？！"想起最后一次见他们，是搬来 13 区的某一天，G 邀请好些朋友到家里吃饭，一定要我去。他一个日料店的朋友带了一大块三文鱼，现场做刺身，席间还开了鱼子酱和鹅肝，第一天认识的台湾陈先生教我们如何品尝鱼子酱……饭后，G 建议第二天去什么总理府晚宴，我觉得一是不习惯那些场合，二是不想无功受禄，于是谢绝了。也许我拒绝得太直接，他显得不太高兴。

但也不至于“封杀”我呀，我又好气又好笑。老郑让我别介意，说：“他就是这个脾气！”又八卦了一圈周围的朋友。我心想：“这真是一段莫名其妙的奇遇啊，希望我没有做对不起朋友的事。让我快点离开这些人和无意中闯入的这个世界吧！”

□ G大哥的家宴

告别巴黎，我选择了埃菲尔铁塔。傍晚，从夏右宫开始漫步，经过人群喧闹的特罗加德罗广场，一路往铁塔方向走，快走到它底下时，天渐渐黑了，铁塔上的灯一点点亮起来。全部点亮后，埃菲尔就像火炬燃烧一样，非常壮观。我从铁塔脚下穿过，走在青草地上，人们三三两两在散步…… 我的巴黎之旅就要结束了，这两周结结实实每个脚步游览的巴黎，不知何日再相见？

第一次在欧洲搭火车，买了法国TGV的头等舱，我那时旅行真有点奢侈，因为始终不太熟悉欧洲，安全更重要。车厢人不多，提供精致的午餐和小食，两位服务生帅哥殷勤体贴。2个半小时后，到达鹿特丹，帅哥帮我把行李拿下月台，刚下就看到了船长站在车厢旁，笑眯眯地，手里捧着一束黄玫瑰。

“欢迎，我的国际旅行者！”他张开双臂。

“幸亏不是Boy来接我！”我笑着和他拥抱。

“本来我打算开玩笑说，我又来不了了。可想想你一生气，居然在巴黎待了12天！可不敢了。”船长笑着说。

□ 埃菲尔铁塔

走马观花阿姆斯特丹

只在家里待了两天，船长宣布：明天去阿姆斯特丹！他要参加的船展会马上开幕了，我们借此机会在阿姆斯特丹玩几天。

去年来欧洲，什么大城市都没去，这次能游览首都阿姆斯特丹，当然令人兴奋。从船长家所在的 Wessem 小镇到阿姆斯特丹，车程大概两小时。

进入阿姆斯特丹城市之前，船长拐到一个小镇上，说去拜访一位摄影师朋友。在小镇上，终于见到游客们必打卡的荷兰风车，河道边美丽的小别墅，和船长家附近低调沉稳的村庄风格不太一样，这儿，似乎才是荷兰乡村的经典画面……

船长的朋友是个嬉皮艺术家，在他工业风的工作室里，居然专辟了一间房，用暖灯种植罂粟。“荷兰久负盛名的自由真不是盖的！”我叹道。参观完，说好去附近一家有名的小店吃“鱼汉堡”。我们分别开车前后脚到，他已经点了餐，然后我俩坐下，船长点我们的那份，这让我太奇怪了：我们不是客人吗？远道而来连个快餐也不请？太不能理解这些老外的想法了。好在鱼汉堡好吃极了，瘦长的不知名的鱼是现烤的，汉堡也是，鱼夹在里面，一口咬下，酥脆可口。

□ 阿姆斯特丹附近的乡村

我们在阿姆斯特丹住的旅馆叫 Concious，是个绿色酒店，处处提倡环保，充满青春气息。住的人有游客、学生和商务人士，有点像中国刚兴起的汉庭等快捷酒店，但更有设计感。酒店恰好给了我们 214 号房间，“真是哪壶不开提哪壶呀！”我嘟囔着。船长反应过来后，哈哈大笑。不过，经过两周时间，我的不开心已烟消云散了。

船长建议出去走走，坐电梯下楼时，我一言不发。出了电梯，船长突然问：

“Cathy，你们中国人是不是不跟陌生人说话的？”

“啊，为什么这么问？”我奇怪道。

“因为刚才在电梯里，有人进来，你好像不主动跟他们打招呼？”

“哦！”我反应过来，有点不好意思。可不是嘛，在国内，一进电梯就习惯性的安静，即使很尴尬，也很少与陌生人搭讪。所以刚才有人进电梯，我意识里根本没有打招呼的念头，也没留意船长跟他们互相微笑着说 hello。

后来渐渐发现，老外非常重视在公共场合的表现，这代表了个人的教育和教养。向陌生人展示善意，就是其中一种。在许多与陌生人的“社交环境”里：电梯间，超市收银台，早餐厅……大家都习惯彼此问候或寒暄几句，慢慢地我也习惯了。

我们散步到大街上，朝着阿姆斯特丹最热闹的达姆广场（当地人就叫 The Dam）走去。船长小时候和父母来阿姆斯特丹旅行，曾和广场的狮子像有一张合影，我们想旧日重现。可惜狮子下面停了不少自行车，只好象征性地拍了一张。阿姆斯特丹果然不少骑自行车的人，多是年轻人，充满朝气。因为提倡环保，欧洲这几个国家，兴起自行车替代汽车，目前已成风尚。船长笑着问我：“你知道荷兰女孩是世界上最高个儿的吗？”仔细一看，果然，很多女孩高高的个子，修长的腿，骑着我们小时候 28 寸的自行车。

□ 阿姆斯特丹——骑自行车的女孩

□ 纵横的河道

这儿离红灯区很近，按我们中国人对荷兰的刻板印象，红灯区是荷兰的象征之一。我也不能免俗，缠着船长说我们去吧，好想看看！船长只好答应。前往红灯区的大街上，很多小店公然挂着情趣用品，色彩斑斓。还有所谓的 coffee shop，全是卖叶子的，不是真的咖啡店。遇上几家中餐馆，船长对挂在橱窗的烤鸭倒是很感兴趣。突然，拐进了一条运河，两岸亮着红灯，应该就是红灯区了。果然有女孩子穿着三点式，在橱窗后，一摇一摆地招揽顾客。街上三三两两观光的亚洲男人，一副猥琐的样子。也许时间尚早，大多数店铺没开，天气寒冷，尤显冷清寥落。

阿姆斯特丹是个不大的城市，因为填海造城，城里河道纵横，河边古典的 4 ～ 5 层小楼，一幢连着一幢，随便就有 200 ～ 300 年历史。所以乘观光船是非常好地了解它的方式。第二天我们一边乘船，一边听导游解说。因为船长家里住的就是水上船屋，所以我们特别留意岸边的船屋，因为河道的位置稀有，阿姆斯特丹的船屋非常昂贵，有些比一栋房子还贵。阿姆斯特丹非常国际化，所有人英文都好得不得了，解说很快，我常常跟不上，还得船长解释。说到荷兰人的英文，后来我读到一些城市宣传单张，发现他们的英文用词鲜活生动，比呆板的说明有趣多了，比如用 Solo travelling 代表独自旅行，让人一下就记住了。

到了阿姆斯特丹，国立博物馆和凡・高博物馆是必须参观的地方。可惜国立博物馆正利用冬季装修，只开放一部分。我们去的两层楼里主要是 17 世纪（号称荷兰的黄金时代）

□ 阿姆斯特丹的水上船屋

的油画，在这里，我知道了荷兰国宝级画家伦勃朗，他的人物肖像画和《夜巡》等作品，是艺术史避不开的话题。因为他对光的运用和细节独特，甚至诞生了“伦勃朗光”的说法，绘画界和摄影界都熟知。船长像大多数欧洲人，无论什么行业，对艺术都有一定的爱好和鉴赏能力，虽然他从不炫耀。他看画的视角很特别，注意细节。他指着一幅画说：“你看这些生活画，几乎每幅都有小狗，对当时生活的还原，就像今天的摄影一样。”

凡·高博物馆简直就是阿姆斯特丹的象征。二楼主展厅把凡·高的一生创作，尤其在法国的绘画做了非常细致的分类和说明，我尤其喜欢他病后的一些作品，似乎更有生命力。凡·高受日本文化的影响，所作的日本版画风格的作品，比如著名的《盛开的杏树》，让人简直有穿越感。可惜最近展出的名品太少，只有《向日葵》，而著名的《房间》出借给日本了。我曾在纽约流连于凡·高的《自画像》，在奥赛被《星空》和《阿尔勒的女人》惊艳。

凡·高博物馆还有一个出名的是纪念品商店，各种创意设计的产品让人流连忘返。我注意到，法国和荷兰的大街上，许多现代商业广告的设计非常喜欢采用本国传统艺术的元素，百用不厌，比如蒙娜丽莎、凡·高等等。我们的许多商业设计，却忘了我们有着几千年的经典作品可以借鉴。

走出室外，阳光灿烂，但是走了一段，脸和手脚都冻僵了，真冷啊！这里的冬天，有一种不能承受的冷。阿姆斯特丹本是个年轻而有活力的城市，但在冬天的阴冷下，失去了一些生气。

隔天去看船展，对我来说就像看汽车展，完全不明所以。但对爱船如命的船长来说，就是个大 party（盛会），借机了解新科技，也为游艇添些配件，比如，一个新的皮划艇什么的。

□ 凡·高博物馆商店

对船长而言，阿姆斯特丹没什么值得游览的，主要是陪我。但国际化大都市的最大特点，是有很多国际美食，好吃的船长怎么会错过？！晚上，船长的朋友 Yem 请我们去吃阿拉伯菜，因为他的女朋友是摩洛哥人。Yem 是个瘦瘦的老头，女朋友佩戴彩色夸张的头饰，人很漂亮大方，她主要说法语，因为摩洛哥曾经是法国殖民地。她在学习荷兰语，在荷兰生活得通过语言考试。阿拉伯菜的特点是：十几个小碟子，大多数是蔬菜瓜果，味道酸辣居多，各种豆泥酱料，配上小饼。我发现酸辣真是船长的最爱，他以极大的热忱，吃到最后，玩笑道："前菜吃完了，我们的主食呢？"

最后一晚，终于要去吃"超贵"的日本菜了，船长特别兴奋！他提到这家日餐馆多次了，是他在阿姆斯特丹私藏之一。餐馆在一家五星级酒店里，但没有我想象中的豪华或高雅，当然，服务一流。我们吃的不是什么珍稀肥牛或刺生，就是普通的寿司和天妇罗，但不得不说，越简单越见厨师的功底。这家的寿司，入口香滑甜糯，即使后来我去了日本，这里的美味也可以排进前几位。天妇罗的蘸汁值得一提，萝卜末轻轻融入酱汁，挤上两滴柠檬，有一种清甜，这种新鲜没在其他地方尝到过，配上酥脆的天妇罗特别惊艳。加上开胃酒和清酒，一碗酱汤，简约的一顿花费了200欧元。谁叫我们非在遥远的荷兰选择日本的美食呢？

在阿姆斯特丹 4 天，我们吃的全是亚洲菜，我问船长："什么时候，你才带我品尝地道的荷兰菜呢？"船长叹了口气："唉，荷兰的东西，真是拿不出手啊！你要吃，我回去给你煮，你就知道了。"

因为喝得不够尽兴，回到酒店，我们继续开了红酒聊天，两人都有点嗨，说起我们在泰国的相识，到底是谁选择了谁？说着说着也许想到独自留在法国的委屈，我又掉眼泪了，抱着船长哭了很久，他似乎很难明白我的小女孩心思……但是喝醉后的一觉，睡得真好！

荷兰乡村的湖边生活

阿姆斯特丹的走马观花之旅结束了，回到 Wessem，一个宁静的村庄，住在船长的船屋里。去年旅行完，第一次回到船长家，是个夜晚，湖边黑乎乎的，刮着冷风，几栋房子立在湖边，黑影重重。同行的朋友 Jogy 看到我疑惑的神情，打趣道："Cathy，我们其实是流浪汉，没有家，就住在湖边破房子里。"

结果跨过小木桥，打开船屋的门，里面配备着一切现代的家具，有品位的装饰，明亮而温暖，他俩看着我的表情哈哈大笑。第二天天亮，看清周围一排十来栋房子，各有特色。听船长介绍，才慢慢了解：在荷兰，有些人就是不喜欢住在陆地，非要住水上，所以，才有船屋的发明，这些房子的排水都是经过特别设计的。

天气渐渐晴朗，周围好几个湖美得不行。船长吃完早餐，通常回去补觉，我便一个人去湖边散步。蓝天映衬下的湖水和白桦林，散步遛狗的人，天上偶尔飞过的一群大雁，从三四个人字形队伍，一会儿变成一个大的人字形…… 这些都是小时候的书里才见过的画面。

湖面寂静，偶尔听见鸭子或天鹅的叫声。这里住着一只白天鹅，夜晚游过湖面，白得发出柔光来。昨晚我们在桥上相拥时，它一个劲儿打着喷嚏，完全颠覆了优雅的形象，破坏了美好的意境。船长说，这里有些鸟到南方过冬，夏天回来，天鹅却是到这里过冬，夏天飞回更北方。

周末，船长的好朋友 Louis 和 Jogy 专程来看我，他们仨是我在泰国一起认识的。Jogy 带了他女朋友 Simone，从德国开车过来，他们住在离荷兰很近的一个小城。我第一次见到 Simone，她是我喜欢的那类女性，一点点岁月写在脸上，干练而开朗。我们一起吃蛋糕，喝咖啡，在房子前晒太阳，阳光耀眼，暖洋洋的。

□ 荷兰乡村的湖边生活

Jogy 问：“你们的嘉年华要开始了吧？”说德国那边上周已经举行了，玩得很疯狂，白天花车巡游，晚上酒吧里全是喝啤酒的人。我问：“是什么样的嘉年华啊？”船长解释，每年 2 ～ 3 月，这里附近的城镇都会举行嘉年华活动，庆祝丰收啊什么的。我一听就来劲了，多难得的机会呀！因为就在 Louis 住的小城 Venlo 举行，船长转向他：“今年的开始了吗？”他说：“下周一，不过跟往年一样，没什么意思啦！”船长也附和，感觉就像我们看花市，年年有，不新鲜了。但是，我还没见过国外的嘉年华呢，我看着船长说：“去嘛去嘛！让我见识一下。”船长拗不过，只能答应。

周一下午，兴奋的我和船长开车进城，嘉年华 1 点多开始，路上已经有盛装打扮、举家出行的人群，他们或打扮成童话里的人物，或穿着传统的服饰，从四面八方汇集到小城的主干道，花车游行开始了！走在最前面的仪仗队，鼓乐队用鼓乐声把现场气氛带热，不一会儿，各村镇代表的花车出现了，最吸引眼球的就是队伍里帅哥美女的服装和打扮，有些艳丽，有些古典，各具特色。花车多以庆祝丰收为主题，浩浩荡荡，又唱又跳，走了近两个小时。嘉年华队伍里的领头人，时不时跟周围的观众互动，给小朋友派糖果和纪念品……节日里最开心的就是孩子们，只要有糖果和热闹，他们就满足了。我拿着单反，寻找那些装扮特别的形象，拍了不少照片，满足地回头找船长。

□ 新年嘉年华

只见他百无聊赖地坐在路边的铁栏杆上，等着我。我笑了，说：“咱们去喝杯咖啡吧！”

船长从口袋里掏出一张券，说：“我们去吃 pancake（煎饼）吧！买一送一。”

“哟，什么 pancake 这么特别？”难得见船长在乎这点小恩小惠。

“这家 pancake 不一样，在 white village 里，那个村里的房子都涂成白色，所以叫它白村。”船长介绍道。我们住的船屋离村庄很远，不怎么见到人，听说能去村子里，我立马同意了。

没想到这是个小有名气的传统村落，煎饼店居然是家老字号，专卖各种 pancake，咸甜都有，店内外已坐了不少游客和本地居民。船长给自己点了个苹果 pancake，我想 pancake 应该是甜的好吃吧，就点了一份什果的。一上桌，足有整个 Pizza 那么大，我晕，怎么吃得完。但是很漂亮，摆着各色水果，烤得又香又脆的煎饼上，撒满了糖霜，切一小块，就一片水果，一口吃下去，简直太美味了！船长就更不用说了，尽情享受着 pancake 上的各种果仁和苹果片，还拿起一颗杏仁说：“我喜欢这个，像你的眼睛。”

“我们在中国开一家分店吧！”我边吃边满足地叹道，“这次来荷兰，最好吃的就是这个 pancake 了！”船长听了大笑，说：“这是最普通的东西！”我想起有个老外朋友 David，我们在广州请他吃饭，点了好多美味佳肴，他说最好吃的就是双色馒头！哈哈哈，估计当时我就跟他一样。

□ 白村

□ pancake

在船长船屋住的几天里，我做了一顿中国菜，豌豆炒腊肉，虽然生了点，但船长好像很爱吃。然后是蘑菇牛肉汤，放了一个西红柿，挺鲜美，船长也喝了个精光。应我的要求，他做了一顿地道的荷兰菜，用一种本地植物的根茎熬汤。荷兰的汤（soup）和我们的汤不是一个概念。对中国人来说，汤只等于“前菜”，能量不够。但荷兰的汤常常是主食，他们会放些米在里面，很稠，喝碗汤就饱了，最多就几片面包。在北方的冬天喝着热热的汤，让我想起电影里寒冷艰苦的俄罗斯，好像喝碗热汤，感觉就是天堂了。

晚上我们照样去散步，星星很明亮，一钩新月挂在天边，夜凉如水，我很享受每天和他这样，手拉着手悠闲地散步。

3月10日，距离2月14日飞到巴黎快一个月了，我的悠长假期该结束了。飞机是从阿姆斯特丹飞巴黎戴高乐机场，然后转奥利机场飞吉隆坡再飞中国，好周折。

船长曾经说过，我只了解他的30%，我对此一直耿耿于怀。在一起的日子快乐居多，但有时在某种情绪的左右下也很失落。常常想跟他摊开来谈，我们的感情是怎样一种感情？到底他怎么想？可是话到嘴边，终究没说出口。

最后一晚熄了灯，我们拥抱互道晚安的时候，我望着他说："答应我，如果有一天，你有了新的生活，不希望我再来荷兰了，一定告诉我，好吗？"然后补充，"我也一样，如果我有了自己的生活，也会提前告诉你的。"他说"好的"。我又说："因为我只了解你那么多，所以希望我们在一起时，就好好地对对方，好吗？"他点头："好，"接着说，"你真是一个lovely（可爱）的女孩子！"我一直不能确定：他是觉得我们就是男女朋友，我的担心都是多余可笑的呢？还是觉得我应该明白，我们就保持这样的距离，比较好？

入关前，船长亲着我说："Take care！"我的鼻子又酸了。但我很快就克制住，没像上次那样让伤感泛滥。他喜欢我的，我知道，只是有些东西，横亘在我们之间，包括他自己的经历和人生态度，没有办法逾越。他说希望我们很快能再见，在希腊或者其他地中海地区，我点头。

2010

自南向北穿越：希腊、意北、瑞士

第一次航海经历

经过3小时从广州到香港机场的大巴，3个多小时从香港到新加坡的飞机，10小时从新加坡到雅典的飞机，终于来到了希腊！我人生中，第一次踏上欧洲大陆！船长租了车，专程到雅典机场接我，然后我们驱车4小时，终于到达他们游艇停泊的港口——Patras。

超过20多个小时的奔波，跨越小半个地球，终于到达了一个从没听说过的港口城市。途中听船长介绍我们的行程，知道他将把我直接带离雅典，此程不再回来。而且，也没机会去到爱琴海那些著名的白色小岛了，我心里掠过一丝遗憾。不过，我也做好了准备，虽然第一次来欧洲，许多地方想去，但和当地人一起感受游艇旅行，这样的机缘可遇不可求。沿途湛蓝的海天，加上船长的温和友好，我渐渐把心放宽了。

到达停泊港时，港湾里停满了白色的游艇，找到我们的船，Jogy 正从船舱里走出来，我大喊一声："哈罗，Jogy！"他给了我一个熊抱，很高兴，我终于到"家"了。

没想到，两小时后，我会在停着的船里晕船！本来吃了船长弄的沙拉，睡了一会儿时差觉，还好好的。突然风浪大起来，我们的船摇晃不停，我开始觉得晕，他们让我到甲板上来，躺着会好点儿。因为要去管理处登记护照，我到船舱去拿，一下船就吐了个天昏地暗。

下午，船长陪我在大街上找酒店，我对晕船心有余悸，今晚可能无法住船上了。船长说："很正常，晕船是所有晕里最可怕的，即使是我，有时遇到风浪也会晕的。"我猜他是为了缓解我的尴尬。一路闲聊，我说："你知道吗？中国人出来玩，常常带着方便面。"他笑了，以为我说笑话呢！我接着说，"以前觉得不可思议，现在理解了，我胃里空空，很想吃碗热热的方便面。"船长说："你早说呀，我船舱里有呢！""真的？！你真是个魔术师！"我高兴道。

□ 傍晚的码头

刚见到船长时，觉得他没有想象中的激动，而且常常沉思，似乎心事重重，在出租车上，我从侧面观察他。在泰国时，他头发是短的，现在长到耳朵下，另有一种味道。我们通了半年的信，从来没有出格的话，但是彼此的好感，却很清楚。从我到达，他给弄沙拉，到我吐了，他陪我散步，找旅馆。虽然他的态度一直淡淡的，我心里还是挺感动。我也不知道自己怎么那么大勇气，不远万里来到陌生的欧洲，对一个陌生人如此信赖。

想到这，我拍拍船长的肩膀，说：

“嘿，My buddy！ 老兄！”

他笑了，似乎马上领悟我的心情，说：“嗨，你来了，这个老兄就得好好照顾你！”

我很喜欢他这样的反应，我们手牵着手，走在临海的路上。

和 Jogy 一起吃晚饭，我实在没有什么胃口，头也不舒服，早早回到旅馆睡了。晚上做梦一直在焦虑：如果明天航海，我身体还是不行，该怎么办？这不是耽误大家的行程吗？要不干脆坐汽车回雅典，然后等他们航行到最近的岛屿，再与他们会合？种种纠结……我的第一天，就在不适和忧虑中度过了。

第二天早晨，从旅馆走到停船处，犹豫着要不要上船。

船长问：“Hi, Cathy，感觉如何？”我犹豫道：“咱们这就开船吗？”他说：“是啊！”把我拉上船。给我整理好甲板上的位置，靠着垫子。船渐渐开出港湾，船长掌舵，今天的天气很好，蓝天白云，微风拂面，“这是航海最棒的天气！”船长说。走了一会儿，我感觉身体竟然渐渐适应了，太棒了！

□ 桅杆上的国旗

□ 我终于适应了航海

今天有 4 ～ 5 个小时的航程，航行到大海深处，他们把引擎关了，周围一片安静，只有海浪轻轻推着船的声音。我开始站起来走动，这可是我第一次乘游艇，对什么都好奇。船长教我怎么掌舵，我船头船尾走了几遍，熟悉着我们的“小白”。穿着长长的衬衣和牛仔短裤，让他们拍了几张照片，阳光灿烂，心情大好，我终于能享受航海了！

出发前，船长让我带着一面国旗，说，在希腊航海，船前一般挂希腊国旗，船尾挂船长的母国国旗，船长算半个德国人，挂了 Jogy 带的德国旗。嘉宾的旗可以挂在桅杆上。我把中国国旗交给船长时，有点不好意思，因为他们的旗都是很小一面，而我买的好大一幅。挂上后，仰头一看，我的天，好像这条船是我的呀！哈哈哈。

再出发，走了不到两小时，我们驶进一个小村庄的港湾，船长说到了。啊，我还没享受够呢！傍晚吃饭时，船长说他特别喜欢这个村子，比 Patras 安静，想多待两天，问我们觉得如何，我们当然同意！

于是，每天起床后，我们喝咖啡，聊天。中午到了，就散步到村里去吃饭，我把这两天的菜单列在下面。

2 号午餐：餐前面包和油橄榄（这是顿顿都有的），煎奶酪（味道酷似藏区煎奶渣，味道不错，不吃 Cheese 的我也尝了些），煮芸豆，章鱼，煎红肉椒；

晚餐：沙拉，煎一条鱼（配柠檬），白葡萄酒，水果。

3 号午餐：白菜肉卷，沙拉，番茄青椒包饭；

晚餐：Sword 剑鱼一片 (深海鱼，很大一条)，配薯条和柠檬，红酒，肉卷。

实在太喜欢这个小村了，食物美味，环境宜人，人们安逸地生活着，傍晚时分，孩子围着大树嬉戏，大人围坐聊天，小猫安逸地逛着，邻里关系就像以前中国的乡村一样。

□ 第一个小村庄

两天后，要离开了。梦中听到马达的声音，我看了看表，才凌晨 4 点半，我们要那么早出发吗？听到他们俩在船舱上忙来忙去的声音，我知道自己也帮不上忙，继续睡去。出发没多久，船激烈地晃起来，只听到外面阵阵的海浪声，我感觉到自己的身体在狭小的床里摇晃着，担心才适应的大海，又把晕船的状态带回来。

10 个小时，我想着今天的航程。是不是起风浪了，这船现在是不是大海中的一叶孤舟呢？如果船在大海中出了问题，谁来救我们呢？满脑子胡思乱想，更糟糕的是，我例假来了，腰开始疼，配合着忽上忽下的撞击，我努力和恐惧与不适抵抗着。

半梦半醒，终于熬到 9:30。起床，跑到甲板上躺下，不敢乱动。今天天气果然不太好，阴沉沉的，不过，风渐渐小了。前两天利用空闲时间，我仔细看了关于希腊的旅游书，并请教了船长，终于明白我们是在伯罗奔尼撒岛和希腊大陆之间的海湾航行。这个海湾并不是很宽，所以，我们几乎可以看得到两岸的山，不一会儿，也能看到房子。现在我们由西向东航行，所以我们右手边应该就是伯岛。虽然过了七八月，海上航行的船只明显少了，很多时候只有我们一条船在航行，但了解我们是在内海航行，很安全，我不再瞎担心。一路说说笑笑，下午，我们进入了科林斯运河。

□ 希腊菜单

在运河口没等待太久，船长原来预计要等个把小时的，但十来分钟，我们就接到了指挥塔的信号，让我们进港了。这个有着2000年历史的大运河，跨越两个海湾，运河上有桥连接雅典大陆和伯岛，改变了从前希腊人去意大利的路线，省掉400公里的航行。第一天船长从雅典机场接我返回Patras时，我们经过上面的大桥，专程停车，从上往下看，高而险。今天在下面仰望，几乎看不到桥。

运河狭长，两岸石壁高耸，非常壮观。过运河时，船长亲自把舵，因为水面相当狭窄，需要Jogy在前面观察，时不时挪动船舷边气垫，防止撞到石壁。我没什么可做的，站在船头，一直念："朝辞白帝彩云间，千里江陵一日还。两岸猿声啼不住，轻舟已过万重山。"的确，这里让我想起多年前游三峡，过葛洲坝时的情景，不过，比那要惊险多了。他们俩听不懂我嘴里念叨什么，只有笑。

过了运河，在岸边咖啡馆稍作休息后，又开拔了，今天我们要到达Avidavos —— 埃斯达沃斯遗迹的所在地，船长答应到时带我去参观。终于，在太阳落山前，我们的船赶到了码头，真是long day（漫长的一天），我们都吁了一口气！岸边没有位置停船了，于是我们抛了锚，停在海中央，船长表扬我，把最艰难的一天度过了！

□ 俯瞰科林斯运河

□ 岸上的小教堂

晚上我们没上岸，船长煮米饭，用番茄酱和牛肉罐头当菜，比较简单，他肯定也很累了，我倒没什么，Jogy 可能没吃饱，但他什么都没说。大家都挺随和，有就多吃，没就简单点。吃完后他们俩开始喝酒，我也喝着，听他们聊天。

这个港口很有生活气息，岸边的小教堂每隔 1 小时就叮叮当当响一番，把我们叫醒。第二天一早，船长安排好，Jogy 看船，他陪我去遗址参观。虽然 Jogy 有点不情愿，但也接受了，只叫我多拍照片。解开我们的“小跟班”——皮划艇，我和船长划到岸边，然后系好小艇，打听了出租车往返要 40 元，我们决定打车去，回来时，我抢着付了账。

车子在山路上盘旋，两边种了很多橄榄树和橘子树，远处的山就跟西藏一样，又干又枯，有村庄的一边却枝繁叶茂。人，真是逐水草而居啊。我们先去了小小的博物馆，相传这是药神的居住地，也是古时候希腊人保养的好地方，所以博物馆的镇馆之宝就是拄着一条毒蛇拐杖的药神雕像。大剧院应该是当年罗马的遗址，和许多古罗马剧场非常相似。经过上千年岁月的洗礼，这个露天大剧场居然保存完整，半圆形的座位，一排排石凳，几乎没什么损坏，坐在最高处，中间的舞台一览无余。有人站在舞台上说话，仿佛还能听到千年的回音。

□ 土耳其式咖啡

□ 大剧院遗址

回来时在码头的商店采购了些东西，喝了杯果汁，船长点了他喜欢的希腊咖啡，希腊咖啡研磨得非常细，并不过滤，用小铜壶一起煮后直接就端上来（后来我才知道跟土耳其咖啡一样）。感觉希腊人的生活状态和我们挺像，比较随意。临回船上时，我提议给 Jogy 买一个冰激凌，船长夸我很懂得照顾别人，Jogy 像个孩子得到了补偿，很开心！

下午4点多，我们从Avidavos开拔后，我一边泡着方便面，一边跟船长闲聊。

“我发现我们在很多地方很像呢，船长！”我说。

船长玩笑道：“哦，是嘛，那我们可以结婚了！”。

我也玩笑道：“Would you marry me ？”

他却突然认真道：“我已经结过了，想不明白为什么还要再结。”

我心里沉了一下，有点不高兴地说：“为什么你要那么认真地回答？”

这是我第一次听到船长对婚姻的态度。后来我才知道，即使有了儿子 Sammy 的这段关系，他也没有结婚。他拥有典型的北欧人的家庭关系：“夫妻”俩一直没有正式结婚，但共同抚养孩子长大。以前他们是男女朋友，现在他们是孩子的父母，只尽父母义务。

那时候，我对西方人的婚姻观念，理解起来还有一点困难。我以为，船长只是离婚后不想再结婚，但事实是，他从来就是个不婚主义者，并不相信婚姻的必要性。

吃完，我有点闷闷不乐地回到船舱，这次旅行带了刘瑜的《送你一颗子弹》，他们开船，我就看书。关于爱情，刘瑜写道：“这个世界，很难找到愿意改变自己的人，尤其生活现状相对满意，有个性的人，就像我们自己。人生行走到我们这一步，不太可能再找到‘一同成长’的那一位了。”事实听起来残酷而清晰，为什么我还会患得患失呢？

模糊中睡去，却被急促地在甲板上跑来跑去的声音惊醒，听声音，他们在升帆布。我起来走出船舱，风太大，扬帆很辛苦，但船长格外兴奋地对我说：“We are sailing！ Haha！”十分享受的样子！ Sailing 其实就是不用发动机动力，完全靠大自然的风向，扬帆前进。看着快乐的船长，我想，也许一个 50 岁男人的世界，我是很难理解的吧？

船驶到了 Perdika 码头，离我们的终点 Engina 岛已经很近，船长说，今天算是此程最后一天航海了。“怎么，这么快就结束了吗？”突然有点舍不得。“快乐的日子总是那么短暂，为什么要跟小心眼过不去呢？”我对自己说。心结打开了，我高兴起来。

第二天一大早，Perdika 码头上演了一出精彩的戏码。我们正准备吃早餐呢，一条新游艇驶来，很明显，驾驶的年轻人好像经验不足，他转了好几个弯，最后居然横着开进了我们和邻居的游艇之间。你想想，这和泊车一样，你要不车头先进，要不屁股进来，怎么能横着进车位呢？ 眼看它要撞到我们的船，船长和邻居都跑到甲板上，拿隔离球去挡，并指导他如何操作，最终，它跌跌撞撞地，在大家的帮助下，终于靠岸了。原来，那个船长是个小帅哥，应该是新手，满头大汗的他不断对大伙儿说“谢谢”“对不起”。船长宽容地笑笑说：“我们都犯过这样的错。”

回到船里，船长说起第一次航海时，他也是这么年轻，有一天在港口，岸上有个工作人员喊：“Hi，Captain（船长）！”他四下望望，没其他人啊，是叫我吗？确定对方是叫他后，心里一阵狂喜，呀，我真的成了一个船长了！这是一个多么引以为傲的称呼啊！所以，他特别喜欢听我叫他：Captain！船长，这个名字就一直叫下来了。

今天我们只需把船开到 Engina 岛的船场，因为很近，所以时间宽裕。一般不着急开拔，我们的早晨是这样开始的：

船长：“早上好，要我做点什么早餐吗？”

我：“嗯，不过好像还没饿呢！”

船长：“好，那先吃点水果吧！”

拿出一熟透的桃子，削皮，然后分成几小份，每人两块吃掉。一分钟后，船长走上甲板，手里拿着小碗东西。

船长：“来，这是第二道，椰奶香蕉，呵呵。”

虽然像个饭后甜点，但是香气清新可人，经不住诱惑，又吃了一碗甜点。

船长：“要喝咖啡吗？”

我：“暂时不了吧？”

船长：“好，现在到岸上餐馆吃个正式的早餐！”

我：“啊！？”

于是我和Jogy跟着船长上了岸，在岸边餐馆，一人点了一份美式早餐。服务生先上了经典的沙拉、橙汁和配餐面包，随便吃了点我就饱了。正餐这时才上来：培根，两个鸡蛋，加几根薯条，一杯咖啡……天啊！

后来我和船长再旅行，我们已经会非常合理地点餐，除非在高档和正式的场合，我们都一起share食物。

吃到一半，我申请到山上走走消食。于是，穿过小巷，细细观察岛上的民居。这里每家每户都种着树，柠檬、橘子和石榴，有花，大簇的三角梅，红的白的，在阳光下十分耀眼。每家都拾掇得干干净净，非常有生活气息。岛上的生活状态，节奏和风景，都和云南大理太像了，不愧为“希腊的大理”，那天跟大理的朋友苏苏提起，她还以为我逗她呢。

□ 岛上民居

在岸边，远眺大海中间那个不毛之岛，船长说，岛的另外一边是绿色的，我们一会到那儿游泳。大风吹着，海水的波浪湛蓝中带着青色，一层层涌来。

回到船上，开拔驶向 Engina 岛。船行半小时，到达远眺的小岛背面，果然绿意葱葱。今天的天气，温度适宜，正好游泳，我们把船停在海湾中央，船长和 Jogy 这等游泳高手立即扑通扑通跳到海里去了，我换了泳衣，穿上救生衣，慢慢从梯子走入海里。哇，来了这么多天，是第一次接触海水耶！太爽了，潜下水去，能看到一群群小鱼，当然没有泰国海里的鱼儿美，可是，海水温暖，我闭上眼睛，在水中漂浮，享受着海水的温存。

海对面就是 Engina 镇上，我们很快靠岸。船长带着我们七弯八拐，来到当地的鱼市场，找到一家明显只有本地人才去的小餐馆，Jogy 点了他最爱的八爪鱼，船长点了沙丁和另一种小鱼，都是新鲜的海鲜，挤上柠檬，简直太美味了！吃完后，我们俩由衷地夸赞：“船长，你怎么那么会享受生活呐！”

船长笑道：“我是一个专业（Professional）享受生活的人。”

“那我们从今天开始改口，叫你 Professor（教授），而不是 Captain（船长）了！”

在 Engina 的大船场，我算是见识了怎么停放游艇的！我一边好奇地看，一边录影：首先我们把船开进一个船位，一辆大卡车，把两条托带，伸到我们船底，把船整个托举起来，然后工人们清洗船底的盐和沙，卡车再把船运到船场的一个架子上。举升的时候，我们一直在船里，整个都升到天空中，感觉很奇特。最奇特的是，我们还将在船上住一晚上，下地面得用梯子才行。船保存好了，明年来时，再由大卡车运到海上启航。

明天的安排是：清洗船舱，收拾行李，然后开着船长存放在这里的汽车，先坐轮渡（ferry）后开车，回到 Patras，晚上 12 点乘邮轮（cruise）去意大利威尼斯。到达威尼斯后，就换成汽车之旅，开始我们从南向北回荷兰的旅程了！

告别晚餐是船长的好友 Dimitry 请客，因为他就住在 Engina 镇上，算是尽地主之谊。听船长介绍：他在岛上有自己的工作室，做船舶维修，岛上有好几套房子。他有 5 个女儿，1 个儿子。见面时，只见 Dimitry60 岁左右，笑容满面，气质很好，英文说得缓慢而文雅。听他说，年轻时在美国待了 14 年，在芝加哥学习船务知识，并在曼哈顿住了很长时间，真是个见过世面的人。

餐馆在码头边，雅致的装潢，老音乐，食物更是精致可口。Dimitry 喜欢看关于中国的报道，也喜欢讲故事。他说有一年冬天，他去英国，想买一顶绅士帽，好不容易看上一顶，买回家一看，居然是 Made in china 的。“确实，现在中国的产品全世界都是！”他们感叹道。他又问我：“中国是不是有职业帮喝酒的？因为以前我有朋友到中国做生意，他们说，客户会请职业喝酒的人灌酒。”我笑道：“中国北方人爱喝酒，那人也许是公司里比较能喝的人吧？” 看他对中国有兴趣，我邀请道：“你有机会到中国来玩吧！”他说：“不了，Cathy，你知道船的锚吗？我的锚太重了，走不动了，我宁愿待在这儿，连雅典都不想去。”我问：“你的锚是你的家庭吗？或者工作？”他笑笑不语。

Dimitry 令我想起在云南香格里拉开客栈时认识的两位老人：王院长和七爷。我越来越喜欢和年长的人相处，他们的豁达、宁静、从容，都令我欣赏。如果变老有什么让我不害怕的，就是拥有这样的智慧人生。

邮轮，圣马可广场和意北小山村

终于登上邮轮了，我们聚集在甲板上，等待启航。岸上点点灯火，船渐渐驶出，迎着风，海面划出白色的浪……

看到船长扶着船舷若有所思，于是我问："船长，你在想什么？"他回过神来，半开玩笑道："我在想，那些面包和肉，是不是放进了车里。""嗨，还以为你思考什么哲学问题呢！"我们哈哈大笑。

我们的航海假日结束了，一个多星期飞一般过去了。Jogy 也很失落。因为他只比我早到两天，还没玩够呢。船长感叹道："Time is flying（时光飞逝），可惜你刚刚适应了海上生活，就结束了。明年，肯定还有机会！"

再见了，希腊！

因为只有船长买到了舱房（cabin）票，我和 Jogy 的是普通票。我们想住到一起，但船长不清楚房间情况，或允不允许。所以开船后，他让我和 Jogy 在酒吧等着，他先去了房间。好一会儿，他下来了，原来他搞定了舱房的服务生，给了他 20 元小费。服务生很痛快地答应了，还给他拿了冰块，开了红酒。

进入舱房，我一看，呀，好漂亮的标准间啊！两个不小的单人床，干净舒适，墙上的装饰油画很养眼。最重要的是，房间配有一张长沙发，这下 Jogy 高兴坏了，他一直担心得打地铺。

于是我们干杯，庆祝我们的邮轮之旅开始了！

其实，在船上的两天挺无聊，我们主要是喝酒聊天。有一天聊到女朋友的话题，似乎是我先问的 Jogy："你为什么不结婚？"Jogy 比船长小几岁，他和前妻有一个 18 岁的女儿，现在有一个女朋友。

Jogy 回："现在我多自由啊，想做什么就做什么，为什么要结婚呢？"

“可是 Simone(他女朋友) 跟你在一起 7 年了哦！”我说。

“我很尊重她啊，我们俩就像一家人，和结婚没什么两样。”

我又问：“你觉得女儿和女朋友，谁更重要？”

Jogy 毫不犹豫地回答：“女儿。”“为什么？”他说：“因为 blood，血缘关系。”

我心里苦笑了一下，说：“你看，你说你和 Simone 像一家人，没什么两样，可是，你还是觉得女儿比较重要啊。”

这时候，船长接话了，说：“我觉得这两者不能拿来这样比较，没有可比性，两个人都有自己的重要性。”我有点醉了，没有接他的话茬。也许他和 Jogy 不一样，也许他意识到这是对“女友”这个角色的不尊重，虽然他们都号称不结婚，女友和老婆是一样的。但一到关键，就看出他们的心态了，我相信世界上大多数男人都会选择 Jogy 的答案。但我心底里还是挺高兴，船长和 Jogy 不完全一样。

忘了是在离开希腊，还是进入意大利的时候，我们眺望着大海，船长突然说：“真高兴你和我们完成了希腊的航海，我原来真担心呀，你一个人自己跑来欧洲玩。你开心吗？”

我说：“很开心啊！”

他说：“你看，我实现了我的承诺，一定给你一个安全、美好的假期，对吗？”然后亲了亲我的额头。

我由衷地说：“是呀，谢谢你给我这么美好的旅行！”

我们是一大早，太阳升起时进入威尼斯的，从宽阔的海面进入由许多小岛组成的著名“水上城市”威尼斯，场景着实壮观。因为从小到大，读到的威尼斯都是秀气的，所以忍不住给老爸发了一条短信，感慨了一番。甲板上站满人群，邮轮渐渐驶入港口，我的尼康相机咔嚓咔嚓响着，早晨的威尼斯，还没完全醒来呢！

□ 海上进入威尼斯

既然来了威尼斯，他们决定陪我到圣马可广场走走。一路便不停遇到中国人，听到中国话。在过去的一星期里，我只有在 Engina 的一家餐馆里，碰到过亚洲工人。走向圣马可广场的小路熙熙攘攘，两边的小店商品十分诱人。我意外地买到了给好友莉莎的礼物——身穿 AC 米兰球衣的小猫，她是 AC 米兰的“铁杆粉”。拐了很多小巷，越走越累，还没找到圣马可，我差点崩溃了，最后一刻，圣马可的大钟响了，我们终于走到了！

广场上人山人海，仿佛全世界的人都挤在了这里。船长明显对城市一点不感兴趣，他选择来这，完全为了照顾我，他和 Jogy 匆匆扫了几眼，就说“去喝一杯吧！”我心想，千辛万苦来了，我可不能这么草率，这可是“欧洲最美的客厅”啊！放眼望去，四周宏伟的建筑，从中世纪到文艺复兴时期的风格都有，圣马可大教堂、钟楼、公爵府……广场上成群的鸽子，投食的人们。

这时候有一对情侣在我们面前，很浪漫地拥吻着，我指给船长看。他笑了，说：“喝啤酒去啦！”我说：“好，一会儿去找你们！”结果走出两步后，他突然跑回来，吻了我一下，仿佛帮我完成这个幼稚的心愿。

□ 水上威尼斯

□ 人头济济的圣马可广场

□ 圣马可广场

回程坐水上的士，被“宰”得厉害，但船长一心想着快点离开，不计较了。一路的风光相当不错，刚才从桥上看风景，现在从水上看风景，算是全方位走马观花欣赏威尼斯了！

之前船长曾提到过他的计划，说在意大利北部的一个小镇，有家他很喜欢的旅馆，我们要在傍晚前赶到那儿。路上的风景很快变成了山，而且是非常高的山，“这就是阿尔卑斯山脉了！”船长说。我简直不能相信，数小时而已，我们就从海上进入了山区。渐渐地，经过一些小村庄，村庄里的教堂，有欧洲乡村的感觉了。

下午 5:30 左右，我们赶到了目的地。刚一进我们要下榻的酒店，我就呆住了，墙外的花，前台的小酒吧，白色希腊城堡式的拱门……“豪华”或者“漂亮”这样的词不足以形容这家坐落在山脚的旅馆，它的外观简洁低调，而内在华丽雅致。办完手续，我们坐在外面，喝了一杯小酒才去房间，白色的走廊，品位独特风格各异的画，花草蜡烛的摆设让人赏心悦目，每个拐弯都有惊喜。进入房间，是一间两房的套间，白色舒适的床品，白色宽敞的洗手间。桌子上摆放的苹果被傍晚的阳光照射着，像一幅写生画。走出阳台，远处的青山点缀着些白色的房子，酒店旁边是成片的苹果园，果园后面的山上，一道瀑布仿佛从天上坠落，远处传来教堂的钟声……这一切，编织成一首恬静的诗。

我简直要窒息了，怎么有这么美的地方！

2018 年底我和船长到奥地利度圣诞假的时候，又一次来到这家旅馆，那时国内民宿已蔚然成风，我也见识过很多漂亮的精品酒店了，但我仍然喜欢这家酒店的高雅气质，对 2010 年第一次见到的我来说，真是太惊艳了。

晚上，我换上了白色的裙子，和他们一起到酒店的餐厅用餐。餐馆像希腊的白色窑洞，隔成几间，每间只有 3 ～ 4 桌客人。一进餐厅，我的脊背不自觉地挺起来。在座的，多是中老年的夫妻，他们衣着得体，女士的妆容一丝不苟，男士多是衬衣披着件薄毛衣，休闲却不失庄重。我悄悄问船长："这些人是当地人呢，还是游客？"他说："都有，有从城市里来度假的人，也有附近的居民。"没想到在这个小小的山村旅馆，大家晚餐都如此正式，我庆幸自己穿着还算得体。

Waiter（侍者）引导我们到预订的位子，落座后，和旁边用餐的客人点头问候。桌上摆着一枝美丽的天堂鸟，烛光摇曳。高大英俊的帅哥侍者，动作轻柔而利落。他们大多说德语，Jogy 顿时有了回家的感觉。我奇怪为什么这个区域说德语？船长告诉我，这里以及瑞士的大部分地区，以前属于德国，所以德语是最通行的语言。

船长为我点了鹿肉，本来想这个天气，似乎还没到吃鹿肉的时间，但山里很凉，也想试试。他自己点了鹅肝，Jogy 点了小牛扒，我们吃饭明显比在希腊文雅了很多，动静不敢太大，但还是偷偷分享了彼此的食物，这是我们此程的"优良作风"。公认 Jogy 的牛扒最佳，我的鹿肉太甜，但配上今晚的红酒，算是完美的晚餐。

船长之所以喜欢这家旅馆，一是它位于回荷兰的必经之路；二是因为酒店的风格和品质，尤其是餐馆的高水准。船长一旦喜欢上一个地方，就不轻易更换，因此和店家建立起长期关系，常得到特别关照。这家旅馆是家族式管理，尽管船长一年只到访一两次，大小老板居然都记得他，总是格外热情。这些做派在我看来，非常地欧式老派，讲究人情和体面。

席间船长说："我们明天出发。""啊？！"我和 Jogy 都惊讶道。我没说什么，看着 Jogy。他飞快地和船长说了一通话，我明白他想法和我一样，这么美的地方，多住几天吧。船长还算民主，看着我俩期待的眼神说："好吧，多住一晚吧，后天再去瑞士。"我说"你确定？"他说"Sure！""耶！"我和 Jogy 就差击掌了。

第二天一早，船长在房间忙，我和 Jogy 四处逛，尽情享受酒店的美好。苹果园里挂满了红苹果，果实累累，正是收获季节。Jogy 很快跑去享受泳池了，船长忙完下楼来，对我说："咱们去爬山吧！""现在？都快午饭了。"我惊讶道。他说："上去吃！"我心里有点懊恼船长，他总是按自己的计划行事，从不提前通知，有时是非常专制的一个人。但上山是为了让我看到风景，所以，算了。

我们乘缆车上到后山，山顶陈列室里有一张雪绒花的照片，啊！终于知道歌里唱的雪绒花长什么样儿了。山上可以眺望远处的雪山，满山坡都是野花。这个区域，真的就像《音乐之声》里的景色，我忍不住一直哼唱着片里的歌曲。

山上只有一个小客栈兼餐馆，顾客大多是上山徒步的运动者。我点了份意面，船长点了鹿肉，这样的小店出品竟然很好，真是不可思议。客栈的房子用木条铺在房顶上，用石头压着，这种做法和云南香格里拉藏区一模一样，我们叫“闪片房”。难怪老有人说，香格里拉是“中国的瑞士”。我和船长总结：也许山里的人，遇到的自然情况相近，所以生活方式也相近吧。

下山时，船长兀自计划着：一会泡个SPA，睡个觉，吃个美美的晚餐……我扑哧一下笑了：“船长，你的每一天都是在享受啊！”

□ 意北小山村

Hanswirt

穿越阿尔卑斯山，瑞士的朋友

半夜大风，没关好的窗户砰砰作响，下起了雨。早起一看，呀，远处的山头都白了，昨晚山上一定下雪了，云雾在山腰缭绕，衬着对面山上散落的人家，仙境一般。

出发时，雨渐渐小了，老天真是眷顾啊。我们很快开始爬雪山，绕来绕去的路弄得我快晕车了。船长说，看标志，还有13个弯就到顶了。我一听就崩溃了，说，能不能让我下车呼吸下新鲜空气？他找了个弯停下，我们都下车。天啊！周围白茫茫一片！不可思议，前几天我们还在海里，穿着短袖，现在却到了雪山上。调整好状态后，我们一鼓作气，到了山顶，海拔有2760米呢。山顶有人在扫雪，也有铲雪车来往，我们走进一家咖啡馆，帅哥吧员招呼道："Merry Christmas！"我们全都笑了！可不吗？昨晚这场雪，仿佛冬天到了！

□ 上山的路

下山又是绕来绕去，牛儿在山间吃草，雪山很快向后移，变成了背景，进入瑞士地界了！给边界标志拍了照，渐渐感受到风景的细微变化，树多了，山间偶尔一些小房子，和印象中的瑞士很切合。我们经过了大海的蓝，雪山的白，现在，进入瑞士的绿了。可惜天气不太好，天空时常飘着小雨，船长说："让你感受一下欧洲的另一面，天气多变的一面。"

晚上的目的地是 Chur（库尔），瑞士东部一个度假小城。我们在这短暂停留，因为船长要见一个合作多年的生意伙伴，他在这儿经营汽车维修店。我对船长的主业有了些了解。他和合作伙伴"倒卖"古董车。因为欧洲有些人，专喜开古董车。他们在某些国家收到车后，维修改造，再运往荷兰或瑞士这些富裕国家。待了两日，我们就离开了。

我以为这下要直接杀回荷兰了，但船长似乎不这么想。原来他打算去拜访一位老朋友，可怎么都联络不上。我们辗转来到伯登 Borden 湖边，多待了一天。这个湖由三个国家瑞士、奥地利和德国共享，位于瑞士的东北部，附近奔流着著名的莱茵河，是著名的旅游胜地，很美。但我有点心不在焉，想着如果早点回到荷兰，离开前能去阿姆斯特丹看看，如果再耽搁，肯定去不了了。晚些时候，船长终于联系上瑞士的朋友——Tom 了，我们驱车直奔他离苏黎世不远的度假屋。唉，没办法，行程都是由船长掌控的，既然下了决心跟他们一块儿旅行，我只好把自己的小算盘放一边了。

□ Tom 的家

终于见到传说中的Tom！他是个设计师，在苏黎世工作，在郊外乡下买了一栋房子作为度假屋。Tom是个潜水迷，他的业余爱好就是在泰国教潜水，一年几乎一半时间在泰国，船长也很久没见他了，所以甚是想念。听说他的度假屋颇具风格，一进院子，我就看到了门楣上挂着西藏的风马旗，颇感意外。然后，在他家里发现如来佛祖的木雕像，基督教的《圣经》，小乘佛教的图腾……东西方文化符号混搭在一起，别具一格。

我们席地而坐，Tom倒了酒，他们抽起烟来。Tom的家有一种不羁的艺术气息，他本人也是艺术家风格，忽喜忽忧，有点儿神经质。我很好奇他的生活方式，很多人把“异域风情”当作生活的点缀，而他二者兼顾：苏黎世的富裕繁忙，泰国的自由散漫。怎么做到的？他更喜欢哪边的生活？后来，Tom去泰国的次数越来越频繁，最后，定居泰国，他终于还是选择了真正所爱。

聊到晚餐时光，吃什么呢？“哦！”Tom突然想起，“镇上新开了一家泰国餐馆！”说走就走，Tom开着车，路上他介绍：“瑞士人应该是最喜欢去泰国旅行的人了！2004年海啸，死伤的外国人里，瑞士排第一。”所以，泰国菜在瑞士非常普遍，是他的favorite（最爱），正巧，泰国菜也是船长和我的“心头好”。餐馆装潢高级，全是泰国服务生，为了适应西方人，采用分餐式，各点各的。每人先来一个冬阴功汤，我点的主菜泰北炒牛肉非常可口下饭，船长对我的牛肉赞不绝口，吃完自己那份后，把我的汤汁都拿来拌饭吃。因为辣，我们喝了好多酒，很快就喝嗨了，餐馆里暖气充足，我们的脸都红了。

大家推杯换盏，把酒言欢。朦胧之中，我想起了船长、Jogy和他们另一位朋友Louis，我们在泰国相识的故事……

那年的春节，南宁的好友青青和莉莎决定到泰国度假，我听说后立即加入了她们的行程。我们选择泰国的珊瑚岛，住了几天，每天都睡到自然醒，享受完丰盛的早餐，然后游泳、潜水，无限放松。

有一天吃饭时，旁边坐了三位老外，三个男人一起出来玩？我说真是奇怪，不会是同性恋吧？她们俩大笑，引起了他们的注意，后来，他们就跟我们攀谈起来，原来我猜错了，人家也是像我们一样从小长大的好朋友。

第二天他们计划去航海，要在海上住一晚，当时我们也不明白怎么个住在海上？晚饭后，我们仨正在闲聊，他们突然出现了，邀请我们去他们的游艇上参观，真是意外惊喜！来到海边，原来他们划了小艇来接我们，远处，一艘白色的游艇静静地停泊在月光下。上船后，他们搬来啤酒饮料，我们或坐或半躺在甲板上，船长坐在我旁边，我们笑着碰了一下手中的啤酒。一抬头，海上的夜空满天繁星，触手可及，浪漫极了……

这是我们在岛上的美好经历。临别前晚，我去跟他们告别，船长给了我一张名片，说他经常去希腊航海，名片上画着一只游艇，和他的email地址。离开那天，我要经曼谷飞回广州，Jogy和Louis去曼谷；船长要在普吉岛上再待几天，我的两个姐儿们也是。早上，坐摆渡船到达主岛时，船长穿着他休闲的白色亚麻衣服，笑眯眯的在码头上等我们。我奇怪道："哎，你怎么还在这儿？"他说："我知道你们坐这趟船呀，Jogy和Louis已经去机场了。"我们聊了几句，在码头合了个影，我便打车直奔机场。

在登机口等待时，一个工作人员走过来问我："你是某某航班的吗？"我说："是呀。"他说："你的航班和前一趟合并了，请赶紧登机。"于是我匆匆上机，直奔自己的座位，一坐下来就乐了，旁边居然坐着Jogy和Louis！这是什么缘分啊！原来只是简单的旅行偶遇，但因为特别的好感和巧遇，他们真诚地邀请我去欧洲玩，我们约好保持联系。

回国后和两位姐儿们聊起，她们开玩笑说船长喜欢上我了。那天船长很绅士，我走后，他打车把她们俩送到订好的酒店，才去自己的酒店。

后来，经过半年的email交流，我真的就冒冒失失来到了希腊。当然，如果不是有初步的了解，知道他们都是绅士，我可能没那么大胆吧！

船长，Tom和Jogy的欢笑声把我拉回瑞士，微醺的我感到无比地愉悦，庆幸我参与了船长的这一程旅行，见识了那么美的风景，那么有趣的人。酒足饭饱，Tom启动汽车。

"这里可以酒后驾车吗？"我问，"嗨，大农村没关系！"他们笑道。

风驰电掣，窗外，风呼呼掠过，乡村的点点灯火和路边的植物，是稻谷吗？不确定，哗哗地向身后飞去……我脑海里居然浮现了《生命不能承受之轻》的结尾，男女主人公因为政治运动，搬到了乡下，有一天他们坐乡里的车进城，在酒吧里又唱又跳，回家时，车翻了……他们精彩的一生就那么简单地戛然而止。但是，他们活过了。我想，有一天，就这样结束，也挺好的。

这一晚，为我的首次欧洲之行画上了完美的句号。

两天后的清晨，船长把我从温暖的被窝叫醒。开车送我去阿姆斯特丹飞回国。路上下着小雨，天渐渐亮了，阳光照射，彩虹出现在空中。到了 Schiphol 机场，我对船长说："你把我放下就好了。"

他笑道："放下，然后 Good bye kiss 就走？ No！"

坚持把我送进机场，一起喝了杯咖啡。我告诉他，我悄悄放了 600 欧元在他卧室的抽屉里。他笑道："你这个奇怪的女孩啊！"然后陪我去办登机。

我感叹道："从来没有人陪我办登机耶，出差什么的，都是一个人。"

他说："我喜欢一个人旅行。"

我说："我也是，你不觉得我们都很独立吗？"

要进安检了，他抱着我，好好亲了我一下，唇，额头。我抱着他，好一会儿没撒手。然后，我们互道：Take care！我排进了队伍，回了几次头，他都还在那儿。进了安检，再回首时，人群已经挡住了我的视线。

去年我从美国三藩回国时，队伍里有一个中国女孩，红着眼睛频频回头，顺着她的视线，我看到一个跟她长得非常像的女士，一定是她的母亲，站在黄线外，依偎在一个外国男士身边，一边克制，一边无法克制地抹着泪水。我当时就想：即使科技再发达，千山万水，也不容易啊。

这时候我问自己："万水千山，为什么要选择一个远隔万水千山的人来喜欢？"

2015

重逢又离开：德国、西班牙

2012 年在希腊的船头上看着船长渐行渐远，我觉得，我和船长的感情就到此为止了。一直到 2015 年的 3 年里，我再也没有去过欧洲大陆，没见过船长。中间去了趟英国，回来后才告诉他，他责怪我为什么不提前告诉他，或顺便到荷兰一游？我没说什么。

2015 年有一段时间在上海工作，有一天，船长突然给我发信息，说好希望我们能再一起旅行，他很怀念那样的日子。我心中的波澜，好像在三年前心里画一个句号时，就已平复了。我不常回信息，他的语言却比以往浓烈。我疑惑：他清楚我对他的意义了吗？他真的需要我吗？爱情总是这样，你走了，它才来。

有一天在书店看到一本书《单身生活》，是本社会学书，我翻了翻，讲单身老人如何生活的故事，我想，我们这一代，如果对自由还是较劲，单身生活一辈子的人应该越来越多吧？我，可能不是那种甘于家庭生活的人吧？船长是我的榜样，也许，我会像他一样，一个人生活一辈子了。虽然，自由的代价是孤独。

离开上海后，我决定放慢人生的脚步，给自己一个 gap year（间隔年），人生休止符，好好想想下半生应该怎么过。

年底，两个上海美女把我纳入了去冰岛与格陵兰岛的计划，我们从丹麦直飞格陵兰。既然再次踏入欧洲，又在我的假期内，于是，我决定回程在欧洲大陆待一段时间。正犹豫从哪里进出，要不要见船长？他告诉我：记住，你在欧洲，永远有一个家，还有一个司机。我笑了，做了决定。冰岛之旅后，我买了从荷兰进出的机票。

在阿姆斯特丹机场重逢的那一刻，他手捧着鲜花，居然还拿了个小相机，偷偷拍下我看到他时惊喜的那一刻！我们紧紧拥抱，笑着说：“又再见了。”

这期间我独自去了德国与好朋友 Andy 和 Katja 见面。他们俩是我在云南开客栈时就认识的朋友，Katja 是设计师，Andy 是厨师，他们当年也是甜蜜的一对儿，后来还是分开了。

□ 德国南部的村庄

Katja住在科隆，从船长家附近的城市Venlo乘火车前往，只需2小时。我和Katja在科隆大教堂旁边的科隆火车站相见，激动而兴奋。这是我第一次踏足德国，科隆不太像我想象中的德国。事实上，德国就像我们去过的法国和意大利，南北风俗不一样，城市和乡村也不同。所以，只到过一个城市，难以了解该国全貌。几年后我去了柏林，也不敢说对德国这个伟大的国家真正了解了。

Katja和我来了一场德国南部黑森林之旅。时值深秋，正是南部大自然最美的时候。我们顺道拜访了Andy一家。一路上，Katja跟我聊起这些年的经历，也是各种波折。她至今单身，刚刚从一段感情中出来。这些年，Andy和另一个女孩结婚，生子又离婚，转眼这孩子已经读小学，正在德国度暑假。而Katja一直和他们保持着亲密的关系，是孩子的教母。现在，Andy又有了志同道合的女朋友，几个人相处友好，完全没有芥蒂。我实在佩服欧洲人，尤其西欧人处理感情的方式，从以前的不解，到一点点认同，尤其是他们对个体的尊重，不因世俗的关系而亲疏，这是文明和成熟的表现。婚姻，也许并不一定是最好的两个人的相处形式。

一路上，两个单身女人，对于欧洲人和东方人对婚姻或亲密关系的看法，探讨了一路。Katja说，如果你现在再问船长，他还是不婚主义，你就该彻底放弃了，不是吗？这不太像他们的观念啊？我低头不语，回答不上来。

回到荷兰，船长像以前一样，特别用心地为我准备每一餐，然后一起散步，和Bella快乐地相处。

有一天，终于见到了Sammy，船长的儿子。2010年第一次来荷兰，我就想见到他了。那时的照片里，他还像个小男孩儿，5年过去了，他已经高三了。见到他时，他正从外面过来，停了车，本来要从前门进院子的，看到我们，便转身向我们走来，高高的个头足有1米8，一头摇滚歌手的蓬松卷发，瘦小的脸。他笑着和我握了握手，说，Hi，Cathy。仿佛多年的老朋友，非常大方而有礼貌。

再晚些，Boy和John，他两个同母异父的哥哥也到了，第一次见John，他和兄弟俩长得完全不一样，黑色的头发。他在阿姆斯特丹附近一个城市读艺专，很有艺术气质。Boy是此前我唯一见过的孩子，在2011年的巴黎，想想当时自己的沮丧，还真不好意思。

船长比以往更积极的让我认识了他的孩子和家人，有一天，我们去拜访了他妈妈。一个美丽的德国女人，她过去一直生活在德国，因为儿子、孙子都在荷兰，她最终决定搬回来，就住在小城Venlo，船长长大的城市。她自己住的公寓靠近河边，环境不错。见到我就说："啊，你真年轻，好瘦呀！瞧，我又长肚子了，怎么办？"听说她一直坚持锻炼，现在快80了，每天还自己去买菜，在跑步机上跑步，是个狂爱美的女人。

"她太健康了！我简直担心自己活不过她！"船长玩笑道。"胡说！"我白他一眼。

船长在妈妈面前，也是安静的，看着她给我做咖啡，给他泡茶，和我寒暄。他就静静地，一言不发地看着。我喜欢安静的男人。

在新科技的使用上，船长属于极度保守型，对电脑和智能手机非常警惕。被我声讨了几次，他终于从瑞士买回了一部智能手机。家庭聚餐时，我和Sammy赶紧帮他下载必要的APP，互加了what's app（欧洲社交软件）。从此以后，再也不需要发什么短信了！

但他仍然是不喜欢，电脑和手机都是用完立即关上，放好，多碰一下都不让。我苦笑道："你不让我碰，我怎么教你用呢？"硬是冒着被他骂的风险，摆弄他的手机。"你知道，我爸妈70多了，现在都会用wechat（微信）和家人沟通，上传照片……"我边弄边唠叨。

"我不是不敢尝试，是不想，不愿意被现代工具绑架，不愿意泄露个人的隐私。"所以他也不喜欢用信用卡。这种试图放慢追随数码世界脚步的行为，在Katja身上我也看到，欧洲人对新科技的提防和自省，确实和一些中国人对网络的沉迷不同。

最终，我们把多年来一直梦想的西班牙之旅变成了现实！来欧洲之前，船长就提到Venlo的一家旅行社在做促销，西班牙南部小镇之旅的套餐非常优惠。但我一直犹豫，直到德国回来才决定。本来套餐包括食住行，双飞，但最后一刻船长改变了主意，还是决定开他的小房车去。因此，套餐变成只需要旅行社安排酒店，贵了很多。讨厌飞行渴望自由的船长，坚持了他对自驾的热爱。

我们穿过比利时、法国、西班牙北部，绕过巴黎、马德里等大城市，直达西班牙南部、地中海海边。加上此前从最北端的冰岛南下，这次的欧洲纵贯之旅真是太壮观了！南部小镇之旅从著名的格兰纳达开始，塞维利亚、赫雷斯……中途因为船长病了，我们取消了两个小城。回程中，我自己在巴塞罗那停留了一周。

虽然这次踏足主要是加泰罗尼亚地区和南部小城，但也算对西班牙有了大致了解。西班牙，和这些年游过的中西欧其他国家如此不同，很难用几段话概括它的全貌。但这次旅行改变了我日后的旅行方式，因为被格兰纳达的美和特殊的历史震惊到了，了解到阿拉伯文化对欧洲乃至世界的影响，促使我去了解 1492 年大航海前后的世界风云……我不再看山是山，对旅行国家的历史和他们之间宗教文化的交叉脉络，渐渐用心去了解。

南部的弗拉明戈，是船长挚爱的艺术形式，我们热情不减地看了好几场不同剧院的表演；西班牙的 Tapas（小吃）精髓和艺术大师的神奇，是我最后在巴塞罗那品尝到的；也因为西班牙文化，生发出对南美洲的兴趣，促成了我后来的南美之旅。

除了希腊，西班牙是船长的最爱，当然是因为南部7000多公里海岸线的阳光和沙滩，他曾自驾游艇到过南部一些小岛，对海边美食赞不绝口。2018 年，我们去了几个海边小城，弥补了这次的缺失。总之，这是一次难忘的旅程，我非常感激船长为我安排的一切。

旅行中发现，船长还是那个船长，什么都没改变；我好像也还是那个我，该独立时还是那么独立。旅程最后，把我送到巴塞罗那市中心我预订的旅馆前，对城市毫无兴趣的他，义无反顾地先回北方了。我则开始自由地独旅，感受高迪和达利的魅力……一周后，我飞回离船长家最近的机场，他仍是我最可信赖的“司机”和家人，在机场早早候着，一起回到荷兰家里。

船长问我，既然辞去了上海的工作，接下来怎么打算？我说休息一段时间吧，我想把这些年旅行的文字整理出来。写一本书，一直是我最大的愿望。也许，再看看更多的世界？船长没说什么，但是我感觉得到他的期望。

我不禁问自己：假如让我现在就搬来这个小镇生活，我愿意吗？这里没有什么工作是我可以做的，体现不了我的价值，也没有自己的社交圈。我愿意现在就选择退休的生活吗？答案是否定的。最终，我默默地但残忍地在心里做了决定：我可能没办法现在就到欧洲，和他一起生活，我可能还想去拥抱一个更新的世界。

那是 2015 年 11 月，我选择再次离开欧洲。我终于还是舍弃了他，在他向我张开双臂时。这一次，是我辜负了船长。

2018

西班牙、葡萄牙

2018 年，我又回到一个人自由自在的日子。这时候，我的婚恋观已有所改变，好像已经不再那么强烈地期待婚姻了。

在过去的两年中，我一直在世界各地游荡，偶尔回到国内工作。当我告诉船长我暂时不想再去欧洲时，好长一段时间他都不再理睬我。他说原以为我辞职后，从此在欧洲和中国两边生活，写写书，陪陪他这个老头子了。我想是我没跟他解释清楚一切，因为在我的心里，也没有答案。

后来有一天，他突然说："好吧！"意思是原谅我了。这让人更加难过，也许，在心里，他永远放弃我了。也许，这句"好吧"的意思是：我们仍然可以做朋友，我接受你任何时候来，但再也不期望在一起。这是我的错呢？还是他的错？都不是。也许，这么多年来我们的关系就是一种幻觉，无论在一起多么美好，可是谁都没有勇气，也不愿意努力往前一步。我们就是这样，一次一次无缘地，错过。

□ 飞越欧洲大陆

2018 年 3 月，我约了朋友去摩洛哥。在这之前，有 15 天的时间，我打算去西班牙和葡萄牙，然后从里斯本飞往摩洛哥。船长说，让我们一起去吧！

我们又见面了！再一次，在意大利威尼斯。3 月的威尼斯，仍下着大雪，我从广州的艳阳，一下子来到冰天雪地的城市，在瑞士转机时，就有点感冒了。

船长从机场把我接回酒店，外面积雪，屋里好温暖，我们相见，一切那么自然，仿佛没有之前分开的那些年。上次寄给他被退回的东南亚风情的桌布，我带了来，他铺在桌面上，把房间布置得像家一样温馨，船长还是那个精致生活的船长，给我做下午茶点，我又吃到了船长出品的美食。他送给我一枚小戒指，我玩笑道："求婚戒指吗？"那是个小海豚，希腊的小吉祥物。

然后，驾驶着他新买的房车，我又跟这个人，像流浪的吉卜赛人一样，上路了！我们一路向西，朝着西班牙行进。意大利北部此时还是茫茫大雪，路上停车休息，他做咖啡，我堆雪人。进入法南，暖和了不少，我们走以前反方向走过的老路，经过尼斯、戛纳。我喉咙疼，一度有点生气他着急赶路，但他说，一路到葡萄牙，很远啊。

在尼斯附近那天，天色已经黑了，我们还在山路上，没决定在哪落脚。我有点担心，说我用 Trip advisor（旅行软件）找找吧。他说："好，先找一个餐馆，然后我们看看附近有没停车的地方。"我找到一家似乎不错的推荐，绕过一座山，就到了。船长发现这是一个小镇，路边可以停车，就在餐馆附近。

走进这家网上置顶推荐的餐馆，感觉很不一般，精致的座椅和装饰，房中央的鲜花篮以及穿着制服的侍者。我冲船长吐了下舌头："惨了，可能好贵。"他笑笑，总是那么从容。

□ 堆雪人

□ 一路向西：从意大利进入法国

"既来之，则安之。"他说，"既然是家好餐馆，就让我们看看他们家什么东西最好吧！"

这就是船长的风格，平时可以简单，但遇上好东西尤其是美食，他是不会放过的。他点了个松露沙拉作为starter（前菜），因为正值法国松露的季节。我又吐了吐舌头，这一道前菜就要57欧元！上来的是用松露酱做调料的芝麻叶，味道奇特。为他着想，我点了南瓜汤，不贵，味道也美极了。这晚的豪华大餐，吃了我们270欧元。这家餐馆似乎颇有来头，离开前我们参观了整个餐馆，装潢气质不凡，门口橱窗有一张似乎是毕加索签名的画，不知是毕加索光临过，还是毕加索赠送的。

第二天早起，去镇里闲逛，满街的gallery（艺术馆）风格各异，艺术水平很高。小镇坐落在山坳里，走到高处，远远能看到大海，近处有一个墓园……后来查资料，小镇名叫St.paul-de-vence，号称最著名的艺术小镇，毕加索和马蒂斯都很喜欢，原来如此。真想在此多逗留一天啊！

我们一直赶路，因为船长想在西班牙找个小城停留几日，弥补2015年我们错过的地方。当年的西班牙之旅，两个小城给我留下了难忘的印象，格兰纳达和塞维利亚。

格兰纳达对我而言，是最惊艳的。当时我们自己开车到达旅行社安排的酒店，没有意识到它就坐落在著名的阿尔罕布拉宫旁边。入住后，船长休息，我一个人在酒店附近闲逛，我发现了酒店的"秘密花园"——酒店的后院山坡上种满了橄榄树，当时正是成熟时期，枝头上挂满了绿色果实，我一边哼着齐豫的《橄榄树》，一边穿过这片橄榄林，走到尽头，能俯瞰整个格兰纳达小城，原来，我们是住在山上。

□ 法国艺术小镇

第二天准备买阿尔罕布拉宫的门票，才发现我们大意了，门票的网上预约排到了两周后，现场排队只是等待每天放出的少量票，快排到我们时，就没有了。这下我急了，发了个朋友圈，小叶子看到了，说，到酒店或旅行社问问。回到酒店，前台答应他们会尽力解决，很快，告诉我们搞到了票，而且两天内都有效。庆幸我们住了这家酒店！

船长放了心，却突然闹起肚子来，而且情况不太好，这是我们旅行中从来没出现过的情况。第二天，打听清楚怎么进城，我自己坐着公车下山，车子盘旋而下，终于进入热闹的格兰纳达城，城中巷子都很小，熙熙攘攘，我根本没心思浏览，买了药就上山了。好在船长第二天就慢慢好转，真把我担心死了。

于是我一个人参观了阿尔罕布拉宫，这个堪称阿拉伯世界里最美的宫殿，实在太美丽了！“每一间房子里，每一块砖的纹路都不一样。阳光照射下或阴云遮蔽时，焕发的光彩又不一样，真的匠心独具！”“花园的设计蜿蜒大气，不愧为15世纪阿拉伯建筑的顶尖之作。”我向船长描绘着，他从没去过阿尔罕布拉宫，笑眯眯地听着，却并不遗憾。第二天我用他的票，又去参观了一次，真是值回票价。

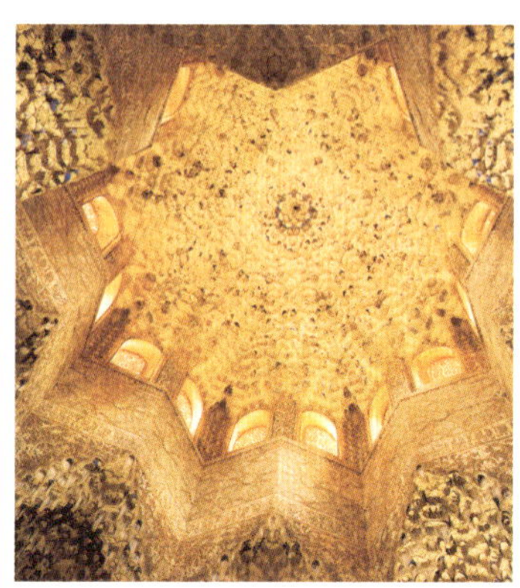

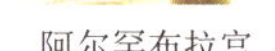

□ 阿尔罕布拉宫

等他感觉好点了，我说：“带你去一个秘密花园吧！”晚上，我们散步上山，哈，看到那么大片的橄榄林，令他心情大好，因为橄榄是我们俩最喜欢的西班牙小食。这天正是满月，月光洒满花园，城里星火点点，太美了。

我们下山吃了一顿晚饭，食物印象不深，尤其朋友一直吹捧的西班牙Tapas（小吃），我们都觉得不怎么样，后来在巴塞罗那，我才吃到好的Tapas。不过，在狭小的街道，坐在露天的餐桌旁喝一杯，看着人来人往，衣香鬓影，是感受西班牙人夜生活一个很好的方式。

塞维利亚，则是观赏弗拉明戈最有名的城市。我们跟酒店的团，先去了一个家庭剧院，4～5个舞者和歌者，就像一家人，挤在小小的窑洞的舞台上表演，宾客坐在下面，一边喝着酒，一边欣赏。对我来说，那是第一次体验，新鲜而激动。尤其，我们坐得近，舞者踢踏的时候，声音像敲在心上……回去后，船长意犹未尽地找出网上一些视频，吉他大师的弹奏和弗拉明戈的表演，继续欣赏，我们都爱极了这种艺术形式。

隔天，我们在其他地方推荐的舞团中，又选了一个带晚餐的表演。那个舞台就大多了，节目也更丰富，舞者和歌者更专业。西班牙人喜欢看到妙处大叫：Hola！跟我们看京剧叫“好！”一样，时不时响起，让人感受到这个民族的热情，与欧洲北部的安静内敛很不一样 。

□ 窑洞里的弗拉明戈表演

□ 塞维利亚街头

这次我们选择停留的是马拉加，船长特别偏爱的海边小城，毕加索的故乡。

到达的第二天，我们就去看演出了，剧院在隔壁小镇，我们开错了路，到达时，离开场时间很近了。我们匆匆在路边一家 Tapas 小店点了几样小吃，小店外燃着火红的暖气炉，明亮而温暖。我们快速解决了晚餐，激动地小跑到演出的剧场。这次的座位，和表演者简直是零距离，表演就在我们桌前的一小片空地上。

一晚的表演再次把我们带到艺术的感动里。弗拉明戈歌者嘶哑苍凉的声音，舞者痛苦纠结的眉头，压抑又张扬的舞姿，随着他们急促的琴声，踢踏密集的脚步，散播到小剧院的每个角落，直击每一个人的心灵，又一次令我们深深叹服……

马拉加是西班牙最南边的小城，据说天气好的时候，在郊外的山顶可以远眺到北非摩洛哥的陆地。我们在城边一家酒店住了 3 天，天公不作美，一直有风和雨。但我的感冒居然奇迹般好了。五星酒店的海景房太无聊，我们试图在偶尔晴朗的天气中找点乐子。附近的沙滩有家餐馆被发掘出来，香醇的白葡萄酒，新鲜的油橄榄和海鲜……点亮了我们阴沉的心情。

因为毕加索的缘故，马拉加成为小有名气的旅游城市，我们也不能免俗地进城一游。

市中心大教堂里游人如织，旁边就是毕加索博物馆。因为免费，从大教堂出来时，博物馆外已经排起了长龙。船长泄了气，他最受不了人多，于是我们忍痛放弃了瞻仰这位大师的童年的机会。毕加索虽然出生在西班牙，但他一生钟爱法国，法国能找到他更多的生活轨迹，他漫长的一生中作品丰富，确实是位伟大的艺术家，只是他的作品不是我喜欢的类型，所以只有一点点惋惜。

城中有家小小的海鲜餐馆，经典菜是肥美的吞拿鱼腩、南美大虾，这家店是船长的私藏，每次来必光顾。我们在此享受了一个美好的夜晚，还是美食更能愉悦船长的心。

闲得无聊时，我们也会聊起这几年的感情生活。之前我告诉过船长，我认识了一个叫Sam的人，他也喜欢旅行。船长告诉我，前两年，他在荷兰认识了个印尼裔女孩，很有钱，很强势。“后来，她要得太多，比你还多，我毅然提出了分手……”我听了心里颇不是滋味儿，可是，我有什么资格责怪他呢？

我告诉船长去年我去了趟以色列。船长告诉我，他有个表妹，叫西蒙娜，住在以色列，是个作家，写过一本关于以色列的书，因为触及宗教问题，不受当局欢迎。她正考虑和先生搬回荷兰生活。

“有时，我也想写一本书呢！”船长说。

“哦？是嘛！”我有点惊讶，因为常常觉得船长的一生，是相当顺畅的一生，好像没什么波澜值得一书。他年轻时在荷兰当兵服役，待遇丰厚，很年轻就开上豪车了；后来做生意，虽然有过波折，但一直衣食无忧。船长基本是个享乐主义者，不喜欢谈论政治和社会，但他每天关注新闻，我们偶尔谈论世界大事时，比如对于中东局势，他总说：“呵呵，从我年轻的时候，他们就开始斡旋，斡旋，到我老了，也没见他们解决什么问题！”

□ 西班牙美食

他一直推崇中国的独生子女政策，认为减轻了很多负担。2016年中国宣布开放二胎时，我正在看莫言的《蛙》，提到当年对生二孩的严苛政策，船长很唏嘘。他很少评论中国，因为不了解，也因为尊重。早年我们刚认识时，他说，对中国的唯一印象就是，突然之间，所有的商品都印着“Made in china”，大多数欧洲人才渐渐意识到，这个遥远的东方大国，影响力在扩大。

在我接触的西方人里，比如澳大利亚的Sam和他的朋友们，德国的Andy、Katja等等，只要是成年人，对于社会和政府都有一套独立和成熟的看法，哪怕观点不一，都会有清晰的观点。拥有相对一致的普世价值观，令他们在看待社会事件时，更容易站在普通人的立场。比如谈到巴黎“黄马甲运动”，船长感叹：

“巴黎可惜了！”为巴黎遭到的破坏感到难过。

“那么你赞同‘黄马甲’的行动吗？”我好奇地问。

“哦，他们当然有权利这么做！”船长毋庸置疑的表情。是啊，谁敢说，自己哪一天，不会成为“弱者”呢？

听说船长把荷兰的船屋卖给了Jogy，自己买了条船住在旁边。希腊的游艇也在卖和买之间折腾。他聊起他的规划：现在，他有了一辆真正的房车，非常适合往来希腊和荷兰，以及我们的“吉卜赛”旅行。两边城市，都有船作为栖身之地，他感觉很满足了。也许，他在慢慢地为自己的退休生活做打算。

某一天，我们再次谈起了在一起的可能性。船长说：“我是个老头子了，只想安静地往返荷兰和希腊。但你还年轻，Cathy，要到处旅行……”我试图解释，对于婚姻关系，我已经不像从前那么执着了，对于这次的重逢，我没有带任何期望，只是很高兴再见到他。在我，在他，也许都觉得，在一起开心就好。

□ 马拉加海岸线

我再次确认了自己的感觉，我是喜欢船长的，除了偶尔对他的“独裁”有些懊恼，大多数时候，我坦然接受他的一切安排，跟他一起旅行，特别放心，有喜悦的感觉。现在，仍有一个让自己欢喜的人，已属难得。

马拉加之后，就是我的目的地——葡萄牙。我们选择了里斯本城边上一个环境不错的营地，这里停留了很多漂亮的房车，有些人似乎住了不少日子，搭起电视“接收锅”，安心地生活着。这里提供水、电及卫浴设施，是非常专业的营地。

这是我真正意义上的一次“房车旅行”，以前开改装的小奔驰时，我们大多住酒店，现在大房车足够我们的活动空间，可以省掉一大笔酒店的费用。这一路向西，我们住过营地、港口停车场、小镇路边、当地人的院子里……此程横穿四个国家，几乎感觉不到边境的存在，只有天气和美食，提醒我们到了另一个国度。我们的大篷车“大白”非常给力，我时而坐在副驾上，尽尽“司机助理”之责，端茶递水；时而跑到桌子旁，看书写字；累了就躺床上呼呼大睡，什么都不耽误。船长非常享受驾驶，他可以默默地开几个小时，不觉得累。我们最喜欢黄昏时分，沐着落日余晖，追着天边彩霞，这样的旅程，希望永远没有终点……

天气预报里斯本一周都要下雨，倔强而慵懒的船长决定哪都不去，就待在营地里。于是，我只能自己出门，我是不会不远万里，空手而归的。也许这就是他的感受：我太能跑了，而他对旅游的兴趣，随着岁月的流逝，已经大减，尤其是城市。他的锚，也渐渐定了。也许在他眼里，我是倔强而独立的，但他尊重我的任何选择。我和他（或说西方人）打交道的经验是：尊重自己的内心，做自己想做的事，不必一味迁就他人，不用感到内疚。

□ 里斯本房车营地

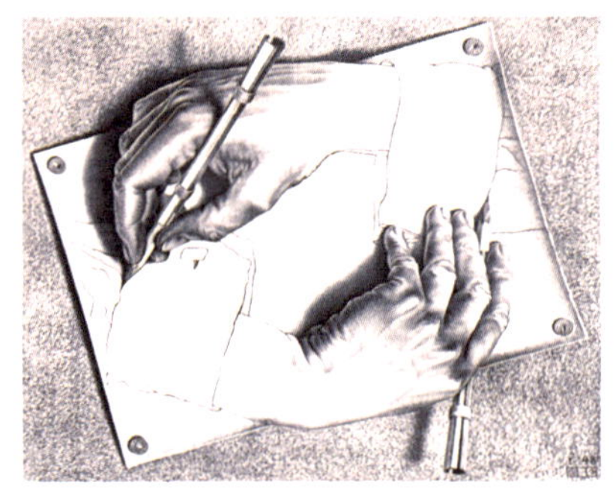

□ 埃舍尔展览作品

唯一一天我们一起出门，是在贝伦区（Belem）码头吃饭。经过旁边艺术馆，突然看到有埃舍尔（Escher）的画展。船长很惊喜，问我知道埃舍尔吗？我说不知道耶。“那是个天才啊，你居然不知道！”于是我们一起去看了展览。埃舍尔是荷兰著名的版画家，但是，他最出名的，是利用反射、凹凸和透视等空间效果作的画，其实他的画流传很广，比如我们培训师常用的图画：你看到的是鼻子还是老头？这些迷惑视觉的画，就来自这位大师。他的“矛盾空间”系列画，融合了数学、物理学和建筑学的原理，著名导演诺兰的《盗梦空间》、动画片《辛普森一家》里的很多场景，都借鉴了他的作品和想象力。这个展览的互动设计非常有趣，徜徉在大师的作品和现代科技结合的游戏里，我们玩得不亦乐乎。

船长拥有不俗的艺术品位，看展是我们除了吃喝外最大的共同享受。其实想想，人生的乐趣，除了平静的日常，再能享受艺术，足够了。我想，这就是船长现在的生活状态。

在葡萄牙的最后一天，我一个人从酒店散步到市中心，虽然里斯本几乎是我的独旅，但是我很感谢船长，为了我，专门跑了这遥远的一程。船长对我的好，我是能感受到的。于是买了一盒以他生日年份作包装的沙丁罐头，送给他做礼物。

最后两天我们搬到城里的酒店，3月18日，一起吃了丰盛的早餐，马上要去机场，飞往卡萨布兰卡，开启摩洛哥之旅。出租车来了，我们kiss，告别，不顾旁人的眼光。我知道，这一别，又不知经年再见了！第一次，我什么都没多想，什么都没强求，只是尽情享受我们的“吉卜赛”旅程，不管以后会如何。

□ 里斯本

2019

迎接新年：奥地利、瑞士

小山村的圣诞节

还有好几个月才到圣诞节，船长就问我：今年要不要到欧洲过圣诞？多年来，他和家人都喜欢到奥地利因斯布鲁克附近的一个小村庄度假，去年他妈妈生日，也是在那过的。小山村里有温泉，常住的这家酒店，已经经营了两代人，据说他们每年圣诞都有家族的庆祝仪式，非常温馨，船长邀请我好几次了，可惜一直未能成行。

欧洲白色的大雪纷飞的圣诞，一直是我的向往。几年前圣诞节，我独自去了伦敦，结果并不是我想象的样子，颇为失望。也许，乡村和城市不一样？不知为何，我还是犹豫了很久。后来船长说，他订好酒店了，无论我去不去，他都会去。最后一刻，我才决定了行程。

□ 奥地利小村庄

这些年常在荷兰附近游荡，却没专程去过奥地利，于是留了一天给首都维也纳，在街头感受到了节前的温暖气氛。晚上的飞机到因斯布鲁克，船长来接，然后，我们驾车进山，一路上，雪越来越大，在阿尔卑斯山的怀抱里环绕着，一个白色的世界笼罩着我们。

最后，到达一个灯火通明的小镇。镇上只有一条主街，两边全是度假酒店，我们下榻的酒店比我想象的现代，不能想象已经经营了两代人。

我们的房间是船长指定的，在二楼的一个拐角，两边墙上都有窗户，通往阳台的一边对着村庄，放眼望去，高高低低的房子，点点灯光；对着山的窗户外，有一条小河，流水哗哗。

“它居然没被冻住？”我问。

“是的，这条河水不大却很急，明天我们去河边散步。”船长伸着脖子看了看窗外，“可惜雪不够厚，明天如果下一场雪，就完美了！”

天公作美，第二天一早醒来，下雪了！躲在暖气充足的房间，看着窗外飘着雪花，窗户像个画框，窗外钩形的屋檐，远处披上厚厚白衣的松树，仿佛一幅圣诞画作挂在墙上。靠近阳台的窗户外，邻居的屋檐很快被雪覆盖了。我跑到阳台上，哇，好冷！但是太美了，远处可以瞧见镇中心的教堂，红色的尖顶，铛，铛，铛……教堂的钟声突然响了，回荡在整个村庄。这一切，太梦幻了，简直就是我梦里的童话小山村。而今天，是圣诞前夜。

到这度假的人们，除了户外运动，就是待在酒店里，享受丰盛的一日三餐。早餐时，晚餐的餐单就送来了，固定的几个套餐供选择，各自选好，交给 waiter（服务员）。餐馆里客人的位置一般是固定的，除非有大量新客人进来，否则大家都坐回自己的餐桌，不会随意变动。

□ 小村庄

□ 未结冰的小河

说到户外运动，附近山坡上有个小滑雪场，带着孩子的游客在这里玩雪，真正的滑雪爱好者可以去山上另一个更专业的滑雪场。因为几年前学滑雪的体验不太好，加上我的腰椎问题，我已对滑雪望而却步。这些年，潜水、滑雪是我两大遗憾。我的两个好朋友青青和海滨，对潜水极其痴迷，潜遍了世界各地。她们拍摄的海底世界，那种美丽一次次震撼着我。无法亲身感受，只能羡慕而遗憾。

我有点愤愤地说："她们小时候，身体素质可都不如我，看来我真的老了！"

船长笑着安慰我："没关系，你看上去还像 20 多岁！我以前也滑雪，现在没兴致了，你就陪我散散步好了。"

小河边，不少散步和遛狗的人，大家见面都大声问候。河边的积雪继续在增厚，山上偶尔传来鸟叫声，松树就像一棵棵挺立在大自然的圣诞树，偶尔落下些雪块。我穿着被子一样的及脚黄色羽绒服，特别鲜艳。有个老先生走到我们面前，打了招呼，开玩笑道："你这是黄色安全信号啊！"大家都是游客，倒像是村里几十年的邻居，其乐融融。

夜幕降临了，整个村庄笼罩在淡蓝色的月光下，静谧而安详。屋内，一片快乐气氛，圣诞晚餐马上开始了！圣诞大餐前的家族祝福仪式，是延续了老板两代人的习俗，非常值得期待。我换了漂亮的衣服，化了妆，和船长走下楼。一楼大堂站满了宾客，一支 5 人的乐队正在演奏，宾客们都盛装出席，手里擎着香槟或葡萄酒。

酒店的大老板现身，仪式开始了，首先由他领唱圣歌，我们每人都拿到一张歌词纸，会唱的人都一起唱。唱毕，他发表了简短的演讲，大抵是：这么多年来，感谢大家的光顾，因为很多人是每年必到的客人，衷心祝福大家圣诞快乐！在音乐声中，他们开始点亮放在客厅中央的圣诞树。手动点灯是非常传统的仪式，现在的圣诞树都是用灯光，一插电就亮了，而传统圣诞树放的是蜡烛，需要一根根点燃，小老板赶紧过来帮忙。小朋友们欢快地绕着树下跑，最后，乐队奏出欢快的音乐，老板举杯，祝大家用餐愉快，干杯！

□ 颇有仪式感的圣诞节

大家纷纷落座，一屋子的宾客，几个服务生在桌椅间穿梭。等待期间，只能跟邻座聊聊天。我右手边是一对母女，好像从德国来的，女儿跟我差不多大，看上去像是都市白领，带着妈妈来度假。她们讨论附近哪里可以买衣服首饰，天啊，在小山村她们都不忘购物。她看到我的指甲是圣诞妆，特别高兴地给我展示她的指甲，也是圣诞风格的！左边一对老夫妇，年纪很大了，但精神很好，看上去是老熟客，最好的位子留给了他们。大家闲聊一阵，喝一杯，上一道菜，开心地吃一道，再干一杯。老板父子时不时过来问候，是否满意？家族式的贴心服务，没得说的。这家餐厅的出品很赞，无论餐前小菜，或是主食、餐后甜点，都可圈可点。主食我们点了鹿肉，大雪天吃鹿肉，总让我想起《红楼梦》，姐妹们在雪地里折红梅，尝鹿肉，吟诗作对，古典而浪漫。

第二天放晴了，天蓝得不可方物。我们决定锻炼锻炼，去爬山。附近有一条路，直通山顶，据说山顶有个咖啡馆，以那里为终点，“然后我们再坐小雪橇下来。”船长安排道。“小雪橇？狗拉的吗？”“不是，自己操作的。”“啊，那是什么雪橇？”我这个南方人，虽然去过中国的东北，但对雪地里的活动真是不了解。

上山路，走不了多久就开始热了，喘着粗气，走走停停，只听到脚下嘎吱嘎吱地响着。路边的森林太美了，笔直挺拔的杉树，修长茂密的松树，积雪覆盖的树尖像站着一颗颗圣诞星；雪下面偶尔传来潺潺的流水声，积雪盖不住露出地面的苔藓……登高后，可以看到村庄的全景，红色的教堂尖顶格外醒目。

一个多小时后，我们终于登到山顶，群山环绕中，有一块空草地，蓝天做幕，太宽阔太美了！船长走得满面通红，汗流浃背，估计已经很久没有这么锻炼过了。“真不赖！”我表扬他，他则完全说不出话来，咖啡馆里，把沉重的大衣脱掉，喝了一杯热茶，好一会才缓过来，连说：“太刺激了！”

下山时，我算见识了什么雪橇，根本就是小孩子的玩具嘛，两个简单的滑板，一个座，自己用脚控制速度、方向和刹车。说实话，在坡陡的地方，我颇害怕，不敢完全把双脚放到滑板上，担心摔到悬崖那边，只贴着山边走。船长速度极快，下了一段坡，就在前面拐弯处等着我，完全不费劲儿。在山坡平缓的时候，我也试着把脚彻底放在雪橇上，享受了一把滑行的快乐。比上山省力多了，很快溜到山脚。

在欧洲过冬天，不滑雪着实有点可惜，滑滑雪橇权当弥补。人的一生不可能享尽所有的美好，大自然的馈赠无穷无尽，能够享受一二，已很知足。

就这样过了 3 ～ 4 天世外桃源的生活，离元旦还有几天。瑞士的朋友 Pilal 很早就邀请船长去 Chur 跟他的家庭一起过新年。对，就是那个开汽车维修厂的合作伙伴，我们见过几面。我们打算 31 号再去瑞士。多出的几天，去意大利北部从前住过那个小山村待待。“我们又要翻越阿尔卑斯山？”我问。“我们走另一条路，绕着走。”

□ 俯瞰小村庄

□ 山顶

沿途的风光是我这一辈子从没经历过的。离开大山后，经过平原，然后又进入高山。天气时而晴朗，时而乌云密布，时而暴风雪，我们和一些车子驰行在浩渺的冰天雪地之间，显得如此渺小。有一段，不知是否还在奥地利境内，突然出现一大片冰面，原来是一个湖，全结冰了，附近的居民完全不惧寒冷，在雪上玩各种运动，生机勃勃，暴风雪也挡不住人的活力，太不可思议了！我这个南方人不禁啧啧赞叹。

瑞士的家庭迎新 party

31 号，我们如期到达瑞士 Chur 城，准备和船长的好友 Pilal 一家过元旦。虽然认识 Pilal 多年了，我对他其实不太了解，只知道他们是黎巴嫩人。多年前一次跟他和朋友吃饭，他们告诉我黎巴嫩有非常美丽的海岸线，而在我心里，黎巴嫩只是个出现在新闻里的地名，我为自己的无知感到羞愧。经过前两年在以色列约旦的旅行，我对中东多少有了些了解，所以，对于 Pilal 和他的家庭，我也有了更大兴趣。

印象里，Pilal 就是个埋头工作的中年男人，眼里只有生意。他从来没有像船长这样悠闲地度假过。船长一路跟我讲他的故事，说他移民瑞士 30 年了， 工作勤勤恳恳，娶了一个当地的女子，生了 3 个儿子。刚开始的 15 年里，他心心念念什么时候赚了钱，再回到黎巴嫩，谁都不愿意轻易离开祖国啊。可是后来，黎巴嫩的情况并未见好转，还是动荡，他只好不断把家人接出来，哥哥姐姐，几家人都到了瑞士。渐渐地，在瑞士生了根的他，放下了心中对故土的思念，真正扎根在了瑞士。

当晚的 party，就在 Pilal 维修厂的餐厅里举行，稍微布置了一番。我见到了他几乎全部的家人，几大家了，加上各自的好友，足有 40 ～ 50 号人吧。穆斯林对家庭的重视可见一斑，和我们中国人有得一比。只是他们这个家庭，已经是国际大家庭了。Pilal 的太太是瑞士人，年过 50，风韵犹存，她戴着礼帽，身着盛装，招呼着所有客人，优雅而热情。他们的孩子，有结了婚的，有还在谈恋爱的，有的另一半来自不同国家。几个年轻女孩非常漂亮，也许混血的缘故，我忍不住看了又看。相比起来，我穿戴得不算隆重，他们都认识船长多年了，对我很友善，也很好奇，慢慢熟悉后，过来跟我聊天和合影。

自助餐是典型的中东风格，一只烤全羊最受大家欢迎，味道美极了，穆斯林宰羊和烧烤的手艺不是盖的。大家一阵吃喝过后，收起碗碟，开始进入跳舞环节。音乐响起时，他们围成一圈跳起来，第一个通常是领舞者，由他带着大伙儿转圈或做动作，我好奇地欣赏着，怎么有点像藏族人的锅庄舞啊！

□ 迎新晚宴

Pilal 当之无愧是今晚的灵魂人物，他领舞时的风采完全不像我之前认识的那个他，跳了几轮后，额头都冒汗了。船长是个安静的人，不跳舞，坐着跟我干杯，跟周围的人干杯，偶尔聊几句。身边有一对母女，女孩 15 ～ 16 岁的样子，大眼睛非常漂亮，但眉目间很忧郁，船长悄悄告诉我她的故事：女孩的父亲是土耳其人，他们夫妻离婚时，女孩被带回土耳其，被父亲当人质，不让她跟母亲见面。经过很多朋友的帮忙，也经历了很多磨难，最近才终于把她接来了瑞士！

Pilal 邀请这个小姑娘跳舞，一曲舞毕，女孩露出了难得的笑容，Pilal 深情地给了女孩额头一个吻，慈父一般，让我觉得他真的在发光。倒数的时候要到了，音乐换成著名乐队 ABBA 的 *Happy new year*，女主人给每个人都换了粉红的香槟，高潮到来了，10、9、8、7……3、2、1！欢呼声中，每个人都紧紧拥抱、亲吻，送上最真挚的祝福，整个气氛温暖热情极了。我看到 Pilal 的一个姐姐，突然感动落泪，掀起头巾擦眼泪，抱着 Pilal 亲吻他的额头。我想，那一刻，她在为这个弟弟感到万分的骄傲吧！

□ 热情舞蹈的人们

我和船长也紧紧拥抱，欢呼，融入这热烈而感人的气氛里。

Pilal 的家庭迎新聚会给我很大触动，我已经很久没有感受过这样的新年气氛了。每年春节，和大多数在外工作的人一样，回到父母家，聚会主要是吃吃喝喝，城市里和乡下几乎一样。除此之外，还有什么温暖的精神上的交流吗？很少！看到 Pilal 他们那种感恩过去一年的辛劳，期待新一年的欣喜如此热烈，我觉得自己太不尊重每一个日子了。岁月就像一把洒在空中的柳絮，飘走了就飘走了。

所以我默默地在心底说，希望新的一年，我能认真地对待每一天，只要认真过的，都是美好时光和宝贵岁月，值得好好珍惜！

后记

写一本书，源于高中毕业时的心愿。在当时流行的毕业留言本上，我写下了要“走遍天下”和“写一本书”的愿望。虽然长大后发现世界太大，要“走遍”很难，所幸，我一直在路上。现在，终于有机会，把这两个心愿一起实现了。

2020 年春节，全球疫情灾难的开端。我困在父母家里的那一个月，有两个收获：一是成年离家之后，第一次与父母有了那么长时间的相互陪伴；二是终于把整理了数年的稿子完成，交给了出版社。没想到，到正式出版，又经历了一年。2021 年春节前，疫情仍在世界肆虐，没有停止的迹象。但随着疫苗的投入使用，人类似乎看到了这场战争的曙光。

这一年，我们听到太多坏消息，对生命的无常，有了最深的体会。最无法接受的，是年轻生命的逝去，包括我的职场引路人骁勇哥。我永远记得他笑着说：“一定要写啊，唐芸，你的文笔那么好，一定要写下去！”这个画面在脑海里回转，我对自己说：人生中要完成的事情，一定要尽早啊，为了爱我们和我们所爱之人。

独自敲键盘的日子里，我比以往更深地品味着孤独的滋味。什么是孤独？一个人生活，或是身处热闹的家庭或集体，都有可能孤独。面对疾病甚至死亡时，尤其孤独。如何与孤独相处，对每个人来说，都是一辈子的命题吧！

年轻时我向往自由，幻想如吉卜赛人一样：流浪，是永恒的宿命；自由，是血液里的基因。但自由的代价，往往是孤独。譬如旅行和写作，既需要自由的状态，又需要孤独来滋养。回首来路，既然义无反顾选择了自由之路，就接受孤独的挑战吧！所幸在孤独的世界里，常常有来自亲人和朋友的爱，温暖我的世界。

感谢爸妈，给了我一对飞翔的翅膀，并永远以宽容慈爱的心，守望着远行的女儿。感谢哥哥和妹妹两家对父母的悉心照顾，让家里最叛逆的那个人，游走世界时少了许多牵挂。感谢一直在身边的好友晓燕，老邝、小高、苏苏、小 A …… 感谢飞飞和晴川，还有许多无法一一道出名字的朋友，你们的爱和鼓励，让我相信，这本书是可能完成的任务。所以，这是一本送给自己和你们的书。感谢出版社的编辑，让我梦想成真。确实，我完成了目前人生最重要的一件事，谢谢你们。

期待重新背上行囊，和世界再相见的一刻。